Chefsache Social Media Marketing

Lizenz zum Wissen.

Sichern Sie sich umfassendes Wirtschaftswissen mit Sofortzugriff auf tausende Fachbücher und Fachzeitschriften aus den Bereichen: Management, Finance & Controlling, Business IT, Marketing, Public Relations, Vertrieb und Banking.

Exklusiv für Leser von Springer-Fachbüchern: Testen Sie Springer für Professionals 30 Tage unverbindlich. Nutzen Sie dazu im Bestellverlauf Ihren persönlichen Aktionscode C0005407 auf *www.springerprofessional.de/buchkunden/*

Springer für Professionals.
Digitale Fachbibliothek. Themen-Scout. Knowledge-Manager.

- Zugriff auf tausende von Fachbüchern und Fachzeitschriften
- Selektion, Komprimierung und Verknüpfung relevanter Themen durch Fachredaktionen
- Tools zur persönlichen Wissensorganisation und Vernetzung

www.entschieden-intelligenter.de

Springer für Professionals

Peter Buchenau · Dominik Fürtbauer

Chefsache Social Media Marketing

Wie erfolgreiche Unternehmen schon heute den Markt der Zukunft bestimmen

Peter Buchenau
The Right Way GmbH
Waldbrunn
Deutschland

Dominik Fürtbauer
Performance Marketing GmbH
Linz
Österreich

ISBN 978-3-658-07507-1
DOI 10.1007/978-3-658-07508-8

ISBN 978-3-658-07508-8 (eBook)

Die Deutsche Nationalbibliothek verzeichnet diese Publikation in der Deutschen Nationalbibliografie; detaillierte bibliografische Daten sind im Internet über http://dnb.d-nb.de abrufbar.

Springer Gabler
© Springer Fachmedien Wiesbaden 2015
Das Werk einschließlich aller seiner Teile ist urheberrechtlich geschützt. Jede Verwertung, die nicht ausdrücklich vom Urheberrechtsgesetz zugelassen ist, bedarf der vorherigen Zustimmung des Verlags. Das gilt insbesondere für Vervielfältigungen, Bearbeitungen, Übersetzungen, Mikroverfilmungen und die Einspeicherung und Verarbeitung in elektronischen Systemen.
Die Wiedergabe von Gebrauchsnamen, Handelsnamen, Warenbezeichnungen usw. in diesem Werk berechtigt auch ohne besondere Kennzeichnung nicht zu der Annahme, dass solche Namen im Sinne der Warenzeichen- und Markenschutz-Gesetzgebung als frei zu betrachten wären und daher von jedermann benutzt werden dürften.
Der Verlag, die Autoren und die Herausgeber gehen davon aus, dass die Angaben und Informationen in diesem Werk zum Zeitpunkt der Veröffentlichung vollständig und korrekt sind. Weder der Verlag noch die Autoren oder die Herausgeber übernehmen, ausdrücklich oder implizit, Gewähr für den Inhalt des Werkes, etwaige Fehler oder Äußerungen.

Lektorat: Stefanie Brich, Claudia Hasenbalg
Einbandabbildung: fotolia.de

Gedruckt auf säurefreiem und chlorfrei gebleichtem Papier

Springer Fachmedien Wiesbaden ist Teil der Fachverlagsgruppe Springer Science+Business Media
(www.springer.com)

Geleitwort

Das erste Mal wurde ich 2008 mit Social Media konfrontiert. Meine ersten Erfahrungen sammelte ich mit der Erstellung meines Facebook-Profils, um mit meinen Freunden und Geschäftspartnern in Kontakt zu bleiben. Um ehrlich zu sein, habe ich Social Media zu Beginn etwas unterschätzt, weshalb ich nur selten aktiv war. Diese Einstellung hat sich rasch geändert. Als mein erstes Buch, *Investment Punk – Warum ihr schuftet und wir reich werden*, veröffentlicht wurde, bekam ich vermehrt Freundschaftsanfragen sowie Nachrichten. Ich war bemüht, alle Nachrichten zeitnah zu beantworten und lernte dabei, Facebook zielgerichtet für mein Business einzusetzen.

Heute sind soziale Netzwerke ein weiteres Arbeitsinstrument, das täglich, dank moderner Technologien, im Alltag genutzt wird. Mir ist es extrem wichtig, den Kontakt zu meiner Community aufrecht zu erhalten. Eines Abends zur späten Stunde erreichte mich auf Facebook eine Nachricht. Ein junger Mann schrieb mir, er beobachte meine Social-Media-Aktivitäten bereits seit längerer Zeit, stellte sich vor und hatte einige Fragen an mich. Es war Dominik Fürtbauer. Wir sprachen kurz über Social Media und die neue Arbeitswelt, die durch die junge Generation entstanden ist. Er fragte mich, ob ich nicht Lust auf ein Interview hätte und lud mich ein. Wenige Minuten später erhielt ich bereits den Leitfaden für das Interview.

Der junge Mann wusste von Anfang an, was er wollte. Ich fand die Fragen sowie die Ansätze dahinter sehr spannend und wollte Dominik persönlich kennenlernen. Am Wochenende darauf trafen wir uns bei mir in Wien. Um der Kreativität freien Lauf zu lassen, verlegten wir das Gespräch ins Freie (Wanderung im Grünen). Die Ansätze sowie die Einblicke in die Welt der jungen Generation waren sehr spannend und brachten mich wieder auf den neuesten Stand sowie neue Ideen für mein Business.

Ich bin immer wieder aufs Neue überrascht, welche interessanten Gespräche, Personen und auch Businessmöglichkeiten mit sozialen Netzwerken erreicht werden können. Mithilfe von Social Media konnte ich einerseits viel Business im Wert von mehreren Millionen und einige sehr gute Freundschaften generieren.

Vor allem für Unternehmen spielt es eine wesentliche Rolle in der Marken- und Imagebildung. Unternehmen sind gezwungen, Social Media in der bestehenden Unternehmenskultur sowie Markenkommunikation zu etablieren, um den Kunden der Zukunft, die junge Generation, zu erreichen. Social Media und die „New Economy" verändern *jedes* Geschäft und *jeden* Markt, egal ob Kinderarzt, Banker, Universität oder Rechtsanwalt. Führungskräfte, welche die Trends der Zukunft ignorieren, werden scheitern.

Dominik Fürtbauer zeigt als Sprachrohr der jungen Generation auf, wie sich die Gesellschaft entwickelt, welche Strategien Unternehmen zukünftig verfolgen müssen, um die junge Generation zu erreichen und wo die Reise hingehen wird. Ich wünsche Ihnen viel Spaß beim Lesen und Umsetzen.

Investmentpunk,
Gerald Hörhan
Wien, im Januar 2015

Vorwort

Es ist der 8. Juni 2025. Ich bin gemeinsam mit meiner Familie im Urlaub in Venedig. Die Kinder haben Hunger. Blau leuchtende Pfeile zeigen mir den Weg zu dem Restaurant, in dem auch mein Freund Uwe bereits mit seiner Familie essen war und das er anschließend mit fünf Sternen auf Facebook bewertet hat. Vor einigen Jahren habe ich mein Navigationsgerät durch das Smartphone ersetzt. Das Smartphone brauche ich heute allerdings auch nicht mehr zum Navigieren. Ich habe zum Geburtstag die neue „Google Glass" von meiner Frau bekommen. Die Informationen werden mir heute auf die Innenseite der Brillengläser projiziert. Digitale Informationen sind von der Realität kaum zu unterscheiden – sie sind Teil davon. Nach dem Essen sind wir unterwegs zum Markusplatz, dem Herzen der Stadt. Auch hier habe ich wieder meine Google Glass im Einsatz, die mich vom Restaurant mit Pfeilen und Angabe der Entfernung zum gewünschten Ziel navigiert. Dort angekommen begeben wir uns zur Ostseite des Marktplatzes. Die Ostseite ist vor allem für die einzigartigen Bauwerke bekannt. Meine Frau wollte unbedingt den mystischen Markusdom sehen. Je näher wir den Markusdom kamen, umso deutlicher blinkt ein bekanntes Zeichen auf der Innenseite meiner Brillengläser. Bei dem Zeichen handelt es sich um das Wikipedia-Zeichen. Seit kurzem habe ich den neuen Sprachcomputer fürs Ohr geholt, der sich ideal mit meiner „Google Glass" verbinden lässt. In meinem Ohr höre ich eine bekannte Stimme: „Wollen Sie die Information zu Basilica di San Marco abspielen?" Ich wähle die Option „Ja". Eine entspannte Stimme erklingt in meinem Ohr:

„Der Markusdom (italienisch Basilica di San Marco) in Venedig war bis zu ihrem Ende 1797 das zentrale Staatsheiligtum der Republik Venedig und ist seit 1807 die Kathedrale des Patriarchen von Venedig, seit dem 25. März 2012 Francesco Moraglia. Die erste dem heiligen Markus geweihte Kirche wurde 828 gestiftet und in den Jahren 829 bis 832 als Palastkapelle des Dogenpalastes unter dem Dogen Giovanni I. Particepazio erbaut, um die 828 aus Alexandria geraubten Gebeine des Evangelisten Markus aufzunehmen, der den heiligen Theodor als Stadtheiligen Venedigs ablöste. Dabei war der Wechsel des Stadtpatrons auch ein Zeichen der Unabhängigkeit von Byzanz" (Wikipedia 2014).

Sie, verehrte Leserin, und Sie, verehrter Leser, meinen, das ist noch ganz weit weg? 2025 vielleicht, ich bin mir aber sicher, dass das aufgezeigte Szenario noch früher kommen wird. Ich kann Ihnen nicht sagen, ob in drei, fünf oder sieben Jahren, aber gewiss in zehn Jahren. Dafür lege ich sozusagen meine Hand ins Feuer oder besser noch, ich schließe mit

Ihnen eine Wette ab. Ich behaupte, spätestens 2025 ist obiges Szenario Realität. Wenn Sie anderer Meinung sind, kontaktieren Sie mich (meine Kontaktdaten finden Sie im Autorenprofil oder einfach im Web) und hinterlegen Sie Ihren Wetteinsatz. Ich freue mich darauf.

Dieses Beispiel zeigt, wie digitale Informationen in unseren Alltag vordringen werden. Die ersten technologischen Bausteine sind bereits gelegt. Vor allem die Automobilbranche setzt bereits auf „Augmented Reality". Unter Augmented Reality versteht man die computerunterstützte Erweiterung der Realitätswahrnehmung. Aktuelle Modelle projizieren bereits Informationen eines Navigationsgeräts an die Innenseite der Frontscheibe. Wenn wir an diesem Punkt angelangt sind, wird die Gesellschaft auch diesen Technologiefortschritt in Frage stellen, genauso wie dies heute mit sozialen Netzwerken oder dem Verhalten einer neuen Generation gemacht wird. Lernen Sie den technologischen Fortschritt für sich gezielt einzusetzen und gehören Sie nicht zu all jenen, die ihre Rückständigkeit und Ignoranz auch noch feiern.

Als Dominik Fürtbauer mir die Idee vorlegte, über Social Media gemeinsam ein Chefsache-Buch zu schreiben, zögerte ich nicht eine Sekunde. Ich fand diese Idee großartig. Nicht nur das Thema an sich, sondern auch die Autorenkonstellation. Auf der einen Seite Dominik, gerade 25 Jahre jung, kaum – wenn man es real betrachtet – Berufserfahrung im klassischen Sinne, auf der anderen Seite ich, mittlerweile 53 Jahre, davon nun 36 Jahre Berufserfahrung, 27 Jahre Führungserfahrung, davon zwölf Jahre im Ausland. Dominik als Digital Native, ich als Digital Immigrant. Dominik wuchs mit dem Web praktisch auf, während ich in seinem Alter den Schwarzwald unsicher machte. Ich habe die Anfänge der EDV miterlebt, habe selbst noch Lochkarten gestanzt und Batch-Programme geschrieben. DOS, VSE, VM, Cobol und Assembler waren unsere Sprachen. Im luftgekühlten Firmenkeller stand noch eine IBM 3090, ein Hochleistungsrechner, fünfzehn mal fünfzehn Meter groß und mit Wasserkühlung. Heute würde man wahrscheinlich die gesamte Rechnerleistung in ein Smartphone bekommen.

Gerade diese Zusammensetzung – Digital Native und Digital Immigrant schreiben zusammen dieses Buch – schreibt Geschichte. So ein Buch mit so einer Zusammensetzung gibt es bis heute nach meinen Recherchen noch nicht. Folgen Sie nun Dominik in seine Welt. Wie lebt und denkt ein Digital Native heute und was können Sie daraus lernen. Ich habe in der Zusammenarbeit mit Dominik sehr viel gelernt. Viel Spaß beim Lesen.

Peter Buchenau, Digital Immigrant und Chefsache-Ratgeber

Waldbrunn, im Januar 2015

Inhaltsverzeichnis

1 Die Gesellschaft im Wandel der Zeit – Der Tagesablauf eines Digital Native 1
  1.1 Was sind Digital Natives und warum spricht jeder *über* uns anstatt einfach *mit* uns zu sprechen? 5
    1.1.1 Erstens kommt es anders und zweitens als man denkt. 7
    1.1.2 Online sein – Das Suchtgift der Generation Y 8
    1.1.3 Warum sind wir rund um die Uhr online? Die Story von Thomas 10
    1.1.4 Social Media haben mein Leben verändert! Die Erfolgsstory von YouTube-Star Mischa Janiec 12
    1.1.5 Digital Detox – Eine Woche ohne Smartphone 15
  1.2 Digital Natives und Digital Immigrants – der Aufprall zweier Generationen 16
  Literatur 20

2 Social Media – Willkommen in unserer Welt 21
  2.1 Die Digitalisierung der Medien 23
  2.2 Die Zeit für neues Marketing ist da 25
    2.2.1 Push Marketing war gestern – Schluss mit dem Sender-Empfänger Modell 26
    2.2.2 Die große Angst vor Social Media 28
    2.2.3 Warum Social Media Marketing für Unternehmen immer wichtiger wird 33
  2.3 Social-Media-Strategie – So erreichen Sie Ihre zukünftigen Kunden 36
    2.3.1 Notwendige, vorbereitende Tätigkeiten 37
    2.3.2 Ziele setzen, Visionen haben 38
    2.3.3 Erfolgsbeispiele Social Media 43
    2.3.4 Die Erforschung der eigenen Kunden – Zuhören, Lernen, Umsetzen 49
    2.3.5 Zuständig für Social Media Marketing ist nicht nur die Marketing-Abteilung 50

	2.3.6	Social Media Guidelines – die Hilfestellung für Mitarbeiter	52
	2.3.7	Welches soziale Netzwerk passt zu meinem Unternehmen?	54
	2.3.8	Wie gehe ich als Unternehmen vor, um die passende Plattform zu finden?	57
	2.3.9	Die richtige Ansprache – Das digitale „Du" in Social-Media-Kanälen, oder doch nicht?	57
2.4	Facebook – Das stärkste soziale Netzwerk – Die Spielwiese der Generation Y		60
	2.4.1	„Gefällt mir" – Ein Daumen erobert die Welt	60
	2.4.2	Markenkommunikation auf einem neuen Level – Der Open Graph	61
	2.4.3	Seiten, Profile und Gruppen – die Funktionen von Facebook für das Unternehmen	63
	2.4.4	Werbeanzeigen auf Facebook – Der Aufbau einer Community	65
	2.4.5	Gute Freunde kauft man nicht – man muss sie überzeugen	66
	2.4.6	Zehn Tipps für eine erfolgreiche Facebook-Seite	67
	2.4.7	Der richtige Content im Social Media Marketing – so geht Kommunikation	71
	2.4.8	Krisenkommunikation – Kritik zu positiver PR wandeln	75
2.5	Die Umsetzung und der laufende Betrieb		78
	2.5.1	Integration von Social Media Marketing in die bestehenden Unternehmensprozesse	78
	2.5.2	Was wird bei all dem Social Media aus meinen bisherigen Kunden?	80
	2.5.3	Social Media Monitoring- das Verhalten des Kunden verstehen	82
	2.5.4	Worauf sollte man achten, wenn man sich Gedanken über kostenpflichtige Monitoring Tools macht?	84
	2.5.5	Wie messe ich den ROI meiner Social-Media-Aktivitäten?	86
	2.5.6	Influencer – Der mächtigste Vertrieb im Social Web	88
	2.5.7	Reichweite vs. Offline-Vertrieb	89
Literatur			90
3	**Ignorante Unternehmen werden scheitern**		**93**
3.1	Was passiert mit Unternehmen, die zukünftig auf Social Media Marketing verzichten?		93
3.2	Wenn ein angeblicher Hype zur Chance wird		93
3.3	Social Web ist erst der Anfang – digitale Vernetzung wird das Konzept der Zukunft sein		94
3.4	Neue Kommunikations- und Informationskanäle für mehr Lebensqualität		94
3.5	Mit Social Media Marketing einen Schritt voraus		94
3.6	Vernetzung in allen Bereichen – die digitale Zukunft		95

> 3.7 Digitale Demenz 96
>> 3.7.1 Wenn man mit Halbwissen Potentiale verschenkt 97
>> 3.7.2 Die fünf häufigsten Gründe, warum Unternehmen auf Social-Media-Plattformen scheitern 98

4 Wie verändert die Digitalisierung die Arbeitswelt? Stimmen aus der Praxis 101
> 4.1 Interview mit Investmentpunk Gerald Hörhan 101
> 4.2 Ist die klassische Werbung vom Aussterben bedroht? Gastbeitrag von Claus Zerenko, Marketingexperte 104
> 4.3 Steht es um die Generation Y denn nun wirklich so schlecht? Gastbeitrag von Gabriele von Szada-Borrizkowski, Mutter und selbstständige Redakteurin 106
>
> Literatur 107

5 Fazit 109

6 Nachwort 111

Warum Chefsache? 115

Die Autoren

Peter Buchenau ist der Chefsache-Ratgeber, denn schlau denken – blöd handeln, darin sind viele Chefs Weltmeister. Umsatz, Profit und Effektivität sinken, das muss nicht sein. Der mehrfach ausgezeichnete Führungsquerdenker Peter Buchenau hilft. Er ist ein Mann von der Praxis für die Praxis. Auf der einen Seite Vollblutunternehmer und Geschäftsführer der eibe AG, einem der Marktführer für Spielplätze und Kindergarteneinrichtungen, auf der anderen Seite Keynote-Speaker, Autor, Kabarettist und Dozent an Hochschulen. Seinen Karriereweg startete er als Führungskraft bei internationalen Konzernen im In- und Ausland, bis er schließlich 2002 sein eigenes Beratungsunternehmen gründete. Sein breites und internationales Erfahrungsspektrum macht ihn zum gefragten Interim Executive, Experten und Redner. In seinen Vorträgen verblüfft er die Teilnehmer mit seinen einfachen und schnell nachvollziehbaren Praxisbeispielen. Er versteht es wie kaum ein anderer, ernste und kritische Führungsthemen so unterhaltsam und kabarettistisch zu präsentieren, dass die emotionalen Highlights und Pointen zum Erlebnis werden.

Die Veröffentlichungen:

„Der Anti-Stress-Trainer – 10 humorvolle Soforttipps für mehr Gelassenheit" (2013)

„Die Performer-Methode – Gesunde Leistungssteigerung durch ganzheitliche Führung" (2011)

„Burnout – Von Betroffenen lernen!" (2012)

„Die Löwen-Liga – Tierisch leicht zu mehr Produktivität und weniger Stress" (2013)

„Chefsache Gesundheit – Der Führungsratgeber fürs 21. Jahrhundert" (2013)

„Chefsache Prävention I – Wie Prävention zum unternehmerischen Erfolgsfaktor wird" (2014)

„Chefsache Betriebskita – Betriebskindertagesstätten als unternehmerischer Erfolgsfaktor" (2014)

„Chefsache Prävention II – Mit Vorsorgemaßnahmen zum persönlichen und unternehmerischen Erfolg" (2014)

„Chefsache Leasure Sickness Syndrom" (2015)

"Chefsache Kopf – Mit mentaler und emotionaler Stärke zu mehr Führungskompetenz" (2015)

„Die Löwen-Liga – Wirkungsvoll führen" (2015)

„Die Löwen-Liga – Wege in die Selbstständigkeit" (2015)

„Die Löwen-Liga – Verkaufen will gelernt sein" (2015)

Dominik Fürtbauer ist ein international gefragter Speaker. Er zeigt auf, welche Strategien Unternehmen verfolgen müssen, damit diese in Zeiten der Digitalisierung gegenüber Konkurrenten wettbewerbsfähig bleiben. Dominik Fürtbauer stammt aus einer Generation, welche sich eine Welt ohne Smartphones und Social Media nicht vorstellen kann. Das macht Social Media zu seinem zweiten Zuhause. Er weiß, worauf es in der Kommunikation ankommt und wie seine Generation erreicht werden will. Zahlreiche Unternehmen beziehen sein Wissen und generieren daraus einen Wettbewerbsvorsprung. 2012 gründete Dominik Fürtbauer das Unternehmen „Performance Marketing GmbH". Er hilft Unternehmen dabei, ihr Business weiterzuentwickeln und bringt Unternehmen zu deren Kunden im Social Web. Mit seinem Wissen schaffte er es, mehrere Startup-Unternehmen und bestehende Unternehmen zum Marktführer zu positionieren.

Die Gesellschaft im Wandel der Zeit – Der Tagesablauf eines Digital Native

Wenn wir uns die heutige Gesellschaft etwas genauer ansehen, so fällt auf, dass sie auf mehrere Generationen aufgeteilt ist. Jede Generation ist mit einem anderen Technologiefortschritt aufgewachsen und hat unterschiedliche Arbeitsweisen und Arbeitswelten kennengelernt. Digital Natives, Generation Y – zwei Begriffe von vielen, welche von Medien und Wirtschaft häufig genutzt werden, um das Verhalten meiner Generation zu beschreiben. Ein Verhalten, das heute jedes Geschäftsfeld verändert: Marketing, Vertrieb, Recruiting, Führung etc. Warum macht sich die Arbeitswelt so große Gedanken über uns? Ganz einfach: Die Technologie, mit der wir aufgewachsen sind, ist für all jene vor uns neu und stellt die Arbeitswelt vor neue Herausforderungen (siehe Abb. 1.1). Anhand meines Tagesablaufs möchte ich Ihnen zeigen, wie der Großteil von uns den Alltag erlebt:

Der Wecker meines Smartphones klingelt und ehe ich mich aus dem Bett begebe, überprüfe ich noch schnell meine WhatsApp-Nachrichten, die ich gestern noch versäumt habe. Nachdem das übliche Morgenritual mit Zähneputzen etc. abgeschlossen ist, begebe ich mich in mein Auto und nein, ich aktiviere nicht das Radio. Stattdessen lausche ich interessiert einem Audiobook auf dem Weg in mein Büro. Dort angekommen werden natürlich die Mails und mein Newsstream auf Facebook gecheckt. Auf Facebook habe ich alle für mich relevanten Newsseiten abonniert. Mit dieser Möglichkeit stelle ich mir meine Tageszeitung nach persönlichen Interessen zusammen und lese nur die Themen, die für mich auch wirklich interessant sind.

Meine Lunchbox habe ich zu Hause vergessen. Ich begebe mich im Internet auf die Suche nach Restaurants in meiner Umgebung. Es dauert nicht lange, bis ich auf ein Restaurant aufmerksam werde. Meine Entscheidung, in diesem Restaurant meine Mittagszeit zu verbringen, wird beeinflusst durch die hohe Anzahl an positiven Bewertungen sowie der Anzeige: „Fünf deiner Freunde waren hier." Da meine Freunde extrem hohen Wert auf gutes Essen legen, *muss* es genau dieses Restaurant sein. Die Bewertungen sowie die Besuche meiner Freunde haben mich nicht enttäuscht. Auf dem Weg zurück ins Büro gebe auch ich

Abb. 1.1 Kommunikation findet über Smartphones statt

eine Bewertung über das Restaurant ab: „Essen perfekt, Service sehr gut, Preis/Leistung top, zum Empfehlen." Es dauert keine zwei Minuten und einer meiner Freunde bemerkt meine Aktivität auf Facebook und kommentiert: „Da muss ich demnächst auch hin."

Ich begebe mich wieder in mein Auto und höre mein Audiobook weiter. Daheim angekommen wird nicht das TV-Gerät eingeschaltet, sondern mein PC. Ich starte die Videoplattform YouTube und suche nach einem interessanten Video zum Thema „Digitale Trends der Zukunft". Das Video startet und ich warte genervt bis der Countdown „ … Sekunden bis zum Überspringen der Anzeige/Werbung" vorbei ist. Tolles Video! Das könnte auch spannend für meine Freunde und Experten aus der Branche sein, also teile ich das Video in meinem Netzwerk und führe einen offenen Meinungsaustausch über die wichtigsten Aussagen aus dem Video. Nebenbei bemerke ich auf Facebook ein Posting eines Branchenkollegen „Heute bin ich im Fernsehen und berichte kurz über das Thema Virales Marketing."

Fernseher an und kurz bevor der Beitrag beginnt, läuft Werbung! Ich liebe die Werbung und wissen Sie auch warum? Die nutze ich prima, um noch schnell zu telefonieren oder mir etwas zu trinken zu besorgen. Ganz egal was, ich nutze die Zeit der Werbung für irgendetwas anderes.

Beitrag vorbei – ich gratuliere den Branchenkollegen zu dem interessanten Beitrag und verabrede mich zu einem Meinungsaustausch inklusive Mittagessen. Nun aber schnell ins Bett, mein Smartphone klingelt bald wieder.

Ich, Peter Buchenau, erlebe den Tag anders. Ich habe noch einen traditionellen Wecker. Ich bin mir zwar bewusst, dass mein Smartphone einen Wecker hat, doch ich habe mir zum Ziel gesetzt, dass das Smartphone nicht ins Schlafzimmer kommt. Ja, es gibt bei mir noch so was wie eine Smartphone-freie Zone. Im Gegensatz zu Dominik ist morgens das erste, was ich anschalte, das Radio. In knapp fünf Minuten wird mir berichtet, was über Nacht passiert ist. Was mich allerdings stört, ist, dass, wenn es irgendwo auf der Welt eine Katastrophe gibt, sich ein Politiker ins Aus geschossen hat oder der 1. FC Bayern München mal verloren hat, ich alle 30 min dieselben Nachrichten höre. Und wenn ich dann in den nächsten vier Stunden zu einem Geschäftstermin im Auto unterwegs bin, höre ich sogar achtmal dieselben Nachrichten. Das nervt. Daher bin ich beim Autofahren dazu übergegangen, kein Radio mehr zu hören. Ich lege mir eine entspannte Musik-CD ein – ja, Sie hören richtig, ich besitze noch CDs – oder ich höre mir ein spannendes oder wissensvermittelndes Hörbuch an. Ich bin in der Radio-Generation aufgewachsen. Ich mag mich noch gut an die Zeit erinnern, wo es nur staatliche Radiosender gab. Wir sind damals immer am Wochenende in die Höhen des Schwarzwaldes gefahren, weil wir dort den Schweizer Piratensender Radio 24 aus dem Autoradio hören konnten. Wir saßen dann im Kreis um das Lagerfeuer, hörten Musik und ließen es uns bei Grillfleisch und Bier gut gehen. Übernachtet haben wir im Schlafsack um das Feuer herum. Sie können sich gar nicht vorstellen, wie froh wir waren, als endlich am 1. Januar 1975 SWF3 auf Sendung ging.

Ein weiteres Highlight war, als ich 1994 für ein längeres Projekt in die Vereinigten Staaten reisen durfte. Was bei uns in Europa das Radio ist, ist in den Staaten das Fernsehen. Anfangs war es gewöhnungsbedürftig, wenn von früh bis spät der Fernseher lief. Aber nach 14 Tagen hatte ich mich daran gewöhnt.

Auch meine Mittagszeit sieht anders aus. Ich bin Kantinengänger und es wird gegessen, was auf den Tisch kommt. Wir sind da nicht besonders wählerisch. Unsere Generation probiert noch gerne aus, wir möchten die Erfahrungen selbst erleben. Habe ich gute Erfahrungen gemacht, erfolgt die Empfehlung ausschließlich im persönlichen Gespräch: „Hey warst du schon dort mal? Tolles Restaurant."

Auch der Abend sieht in der Regel anders aus. Die meisten unserer Generation suchen am Abend keine stete Weiterbildung. Wir frönen dem Sport oder dem Vereinsleben. Gehen mit Freunden auch mal ein Bier trinken. Vielleicht am späten Abend noch einmal einen Blick in den Fernseher, wo ich die Tagesnachrichten zum 24. Mal wahrnehme.

Anhand dieser Beispiele wird ersichtlich, wie stark sich das Medienverhalten in der heutigen Zeit verändert hat. Herzlich willkommen in meiner Generation! Die Generation Y oder auch besser bekannt unter dem Namen „Digital Natives".

Doch nicht nur in meiner Generation wird ersichtlich, wie sich das Konsumverhalten von Medien verändert. Die ältere Generation wie zum Beispiel die Generation Buchenau, die nicht mit Facebook & Co. aufgewachsen ist, lernt Schritt für Schritt, wie sie aktuelle Technologien in ihren Alltag integrieren kann:

> **Beispiel**
>
> Früher: Der Fernseher beginnt zu flackern und früher oder später wird dieser den Geist aufgeben. Also besser schnell ins nächste Geschäft und sich vor Ort über die aktuellen Technologien beraten lassen. Im besten Fall wird das Gerät anschließend gekauft.
>
> Heute: Der Fernseher beginnt zu flackern und früher oder später wird dieser den Geist aufgeben. Da war doch letztens ein Prospekt für die aktuellen TV-Geräte im Briefkasten! Das Gerät, das am ehesten zusagt, wird sich ausgesucht. Nein, nun geht es nicht ins Geschäft, sondern an den Rechner! Der Konsument sucht nach Erfahrungsberichten von anderen Konsumenten. Taugt das Gerät wirklich, was es verspricht? Was der Suchende nun finden wird, wird seine Kaufentscheidung positiv oder negativ beeinflussen.
>
> Der Konsument findet ein Forum, in dem über ein bestimmtes Problem (der Hersteller wurde auf das Problem schon längst aufmerksam und hat das Problem bereits behoben. Die Diskussionen sind also nicht mehr aktuell) mit dem Gerät diskutiert wird! Das Schlimmste, was einem Hersteller passieren kann. Der Konsument ist sich nicht sicher, ob es sich um einen Einzelfall handeln könnte oder ob es sich um ein gängiges Problem handelt. Er kopiert den Link in sein Statusfeld auf Facebook und bittet seinen Freundeskreis um Hilfe. Hat jemand Erfahrungen mit diesem Gerät? Es dauert nicht lange und es melden sich seine Freunde:
>
> Beispielfreund 1: Ich kenne das Gerät und habe schon im Umfeld von Problemen gehört! Ich habe mir das Gerät XYZ angeschafft und bin damit mehr als zufrieden!Beispielfreund 2: Hatte selbst das Gerät und kann das Problem bestätigen! Habe nun auch das Gerät XYZ und bin damit sehr zufrieden!
>
> Welches Produkt wird der Interessent nun eher kaufen? Natürlich das Produkt, das ihm seine Freunde empfehlen! Warum? Weil er seinen Freunden *vertraut*!

Unternehmen stehen jetzt vor einem Umdenken in der Markenkommunikation und vor der großen Herausforderung, Marketing-Strategien zu entwickeln, um diese Zielgruppe mit neuem Konsumverhalten zu erreichen, Vertrauen aufzubauen und auf Produkte aufmerksam zu machen.

Bleiben wir bei dem TV-Gerät-Beispiel. Hätte der User anstatt des Forum beispielsweise einen Corporate Blog des Herstellers gefunden, in dem der Hersteller ausführlich darüber berichtet, um welches Problem es sich genau gehandelt habe sowie die Bekanntgabe, dass dieses Problem behoben wurde und bei den aktuellen Geräten nicht mehr vorkäme, hätte sich der User vielleicht anders entschieden.

1.1 Was sind Digital Natives und warum spricht jeder *über* uns anstatt einfach *mit* uns zu sprechen?

Wer sind wir, die Generation Y, Digital Natives oder wie auch immer uns die Wirtschaft nennt, und warum stellen wir die ganze Arbeitswelt auf den Kopf[1]? Lassen Sie es mich so formulieren: Wir sind irgendwann nach 1980 geboren und sind mit dem Medien Internet, MP3-Player, E-Mail und Handy aufgewachsen. Diese Tools waren für uns schon immer Teil unseres Alltags und wir gehen damit auch völlig anders um, als es die Generation vor uns tut.

Ich, Dominik, bin im Jahre 1989 geboren und für mich war es selbstverständlich, mit zwölf Jahren mein erstes Handy zu besitzen und dieses ständig zu nutzen, um mit meinen Freunden zu kommunizieren oder mich zu verabreden. In meiner Zeit als Teenager haben wir noch SMS geschrieben und Smartphones, wie wir sie heute kennen, gab es noch nicht. Peter Buchenau ist 1962 geboren. Mit seinem ersten Mobiltelefon konnte man noch jemanden erschlagen.

Dienste wie Facebook, WhatsApp oder Geräte wie iPhones waren für uns Teenies noch „Zukunftsmusik". Ich spreche von der Zeit, in der wir noch mit Nokia-Handys geprollt haben und auf unsere pixelartigen schwarz-weißen Logos stolz waren. Da klingelte das Mobiltelefon noch monophon – nervige piepsartige Töne bei eingehenden Anrufen.

Ich kann mich noch ganz gut an die Zeit erinnern, als die ersten Farbhandys erhältlich waren und wir mit den ersten integrierten Kameras Bilder geschossen und versendet haben. Für uns war es auch völlig normal, dass wir nach der Schule in Chatrooms abhingen und stundenlang gechattet, Aufgaben besprochen und uns organisiert haben.

Bereits in der Grundschule haben wir gelernt, relevante Inhalte im Internet zu recherchieren und für uns zu nutzen – sei es für ein Referat, eine Arbeit oder persönliches Interesse an einem Thema. Mit jedem Jahr, das ich älter wurde, wurde die Entwicklung der digitalen Technologien, mit denen wir tagtäglich hantierten, schneller.

Irgendwann war die Zeit der Smartphone-Revolution da. Farbenfrohe Benutzeroberflächen, hochqualitative Fotos, Apps, die uns den Alltag erleichterten, integrierte MP3-Player und MP3-Klingeltöne. Das erste große soziale Netzwerk, in dem wir aktiv waren: Myspace. Eine absolute Neuheit für uns. Eigene Profile, Fotouploads, Chats, die Vernetzung mit Personen mit ähnlichen Interessen und und und.

Smartphones sind neben Facebook und Co. Hauptgrund für den digitalen Wandel. Wir sind rund um die Uhr online und hantieren bei jeder noch so kleinen Möglichkeit mit unseren Smartphones (Bitkom 2014). Deshalb werden wir auch gerne „Generation Kopf unten" genannt (vgl. Abb. 1.2).

Gerüchteweise habe ich gehört, dass man in London kurzzeitig darüber nachgedacht hat, die Straßenlaternen mit Polstermaterial zu ummanteln, bedingt durch die Tatsache, dass sich viele junge Menschen eine Gehirnerschütterung zugezogen hatten, weil sie, auf

---

[1] Weitere Informationen unter Prensky 2001

Abb. 1.2 Blick immer auf das Smartphone

das Smartphone schauend, gegen die Straßenlaternen gelaufen sind. Das Unterfangen wurde aber dann doch nicht umgesetzt.

Für eine aktuelle Umfrage, welche vom Meinungsforschungsinstitut Aris in Zusammenarbeit mit Bitkom Research durchgeführt wurde, wurden 1.008 Personen ab 14 Jahren in Deutschland zur Nutzung von Smartphones und anderen Hightech-Geräten befragt (Bitkom 2014). Das Ergebnis bestätigt die Aussage vieler Kritiker, die Gesellschaft lebe nur mehr für ihre Smartphones. 61 % der Befragten können sich ein Leben ohne Smartphones nicht vorstellen.

Bei Jüngeren unter 30 Jahren sind es sogar 74 %. Nur 5 % aller Befragten gab an, leicht auf ihr Smartphone verzichten zu können. Vergleicht man diese Zahlen mit der Nutzung von anderen Hightech-Geräten wie Laptops oder Desktop-PCs wird klar, dass die Befragten eher darauf verzichten als auf Smartphones würden. Einzig Tablet-Computer liegen in der Wertigkeit ähnlich. Bitkom-Hauptgeschäftsführer Dr. Bernhard Rohleder sagt: „Das Smartphone ist in kürzester Zeit zum wichtigsten Begleiter des privaten und beruflichen Alltags geworden." Mittlerweile besitzen rund 84 % der 12- bis 13-Jährigen ein Smartphone, bei den 16- bis 18-Jährigen sind es sogar 88 %.

Smartphones gaben uns die Möglichkeit, unsere Interessen noch einfacher und schneller auszutauschen und zu verbreiten. Begonnen hat die Zeit, in der ich und mein Freundeskreis stundenlang an Smartphone und PC gesurft haben. Wir haben uns neben der Schule selbst weitergebildet, haben bereits eigene Projekte geplant und umgesetzt sowie eigene Inhalte im Netz erstellt und verbreitet. Die Faszination für digitale Medien war geboren.

Social Media wie Blogs, Facebook oder YouTube führten dazu, dass sich unser Verhalten drastisch verändert hat. Wir verbrachten mehr Zeit denn je in der digitalen Welt. Es entstand ein enormer Wissensdurst nach immer neuen Inhalten, die uns interessierten und weiterbildeten.

Für uns ist das Web 2.0 Alltag geworden und irgendwann haben es auch traditionelle Marketingverantwortliche begriffen, ihre Marketingmaßnahmen an unser Verhalten anzupassen. Bevor das Web 2.0 in den Marketingabteilungen und Unternehmen angekommen ist, war das Web voll mit statischen Websites. Social Media haben das grundlegend verändert. Heute sind Websites mit den Komponenten der Social Media erweitert worden. Schluss mit statischen Websites und hin zu Websites mit der Integration eines Corporate Blogs, Schnittstellen zu relevanten sozialen Netzwerken wie beispielsweise Facebook oder Twitter, RSS, Apps oder anderen Widgets. Unternehmen wurden regelrecht überrannt mit dem Nutzer- und Konsumverhalten meiner Generation. Mittlerweile setzen sie auf Lösungen im Web 2.0, um ihre Kunden zu erreichen und um den Kontakt zur Generation Y nicht zu verlieren. Das erfordert eine Vielzahl von Online-Marketing-Aktivitäten auf mehreren unterschiedlichen Kommunikationskanälen.

1.1.1 Erstens kommt es anders und zweitens als man denkt.

…so zumindest ergeht es uns, der Generation Y, den vermeintlichen Machern und Profiteuren des digitalen Fortschritts, der größten Zielgruppe im Social Web. Gepimpt mit einer übermäßigen Portion Selbstwertgefühl und verführt von alternativen Wertesystemen, wären wir gern nicht nur die Weltveränderer, sondern die Weltverbesserer. Dabei halten wir uns auch selbst für etwas Besseres. Getreu dem Motto „Die Welt ist nicht genug" besteht unsere Generation aus Sternenfängern, Traumtänzern, Drahtseilartisten und ewig Wissbegierigen, deren einziges Manko darin besteht, dass sie glauben, ihren eigenen Anforderungen nicht gerecht werden können. So zumindest empfinden wir es selbst und fühlen uns dabei ziemlich unglücklich.

Warum ist das so?
Unsere Generation, die in den USA auch als „GenY Protagonists & Special Yuppies", kurz GYPSYs, bekannt ist, sind jene jungen Erwachsenen, die von ihren Eltern ein Selbstbild angeheftet bekamen, dass sie glauben lässt, jeder von ihnen wäre zu Höherem berufen als sein Mitmensch. So fühlen wir uns also als Mittelpunkt der Welt und vor allem der Weltgeschichte. Dabei sind wir nicht besser oder schlechter als Hunderte von Generationen

vor uns. Wir wurden lediglich zu einer Zeit geboren, in der es unseren Eltern aufgrund des weltweiten wirtschaftlichen Aufschwungs richtig gut ging. Wir besuchten gute Schulen, haben die Möglichkeit zu studieren und verbrachten zum größten Teil eine sehr unbeschwerte Kindheit, die frei von Kriegsnöten, Hunger und finanziellen Sorgen war.

Diese Sorglosigkeit war es, die unsere Eltern dazu brachte, in ihren Kindern etwas Besonderes zu sehen und es uns wissen zu lassen, dass wir, wenn wir wollen, alles erreichen können. Während unsere Großeltern noch mit echten Nöten zu kämpfen hatten und in den Nachkriegsjahren großen Wert auf finanzielle Sicherheit legten, profitierten deren Kinder, also die Eltern der GYPSYs, bereits von unbegrenzten Möglichkeiten und erlebten finanziellen Wohlstand und besten Karrieremöglichkeiten. Sie waren zufrieden und glücklich. Dies führte bei ihnen zu der Erkenntnis, dass es besser kommt, als man denkt, und gaben diese an ihre Kinder, der heutigen Generation Y, weiter. Dieser von den Eltern übernommene Erfahrungswert führt zu unerfüllbaren Ansprüchen und Erwartungshaltungen, die wir als junge Erwachsene haben. Die hohen Erwartungen an das eigene Leben sind demzufolge geprägt vom Drang, für sich ganz persönlich Träume, Wünsche und Ziele zu verwirklichen, die nicht mehr generationsübergreifend für Sicherheit sorgen, sondern vielmehr nur noch auf den eigenen Lebensabschnitt konzentriert sind.

Die Erkenntnis, dass Mitmenschen dann aber mehr erreicht haben als man selbst, macht uns unzufrieden. Hierbei muss man beachten, dass Glück einer einfachen Formel unterliegt. Glücklich ist der Mensch immer dann, wenn es für ihn besser läuft als erwartet. Ein Zustand, den die Generation Y nicht erreichen kann, weil es unser Anliegen ist, immer besser zu sein als alle anderen. Dabei ist das Beste eben nicht gut genug für uns. So kämpft unsere Generation einen fast aussichtslosen Kampf gegen sich selbst, im Bestreben immer noch besser und immer noch erfolgreicher zu sein als alle anderen.

Trotz oder gerade wegen dieser Lebenseinstellung sind wir als Generation aber auch der Motor der gegenwärtigen digitalen Entwicklung. Denn unser Anspruch an uns selbst lässt uns Nutzer und Erbauer der vielfältigen digitalen Welt sein. Unser unerschöpflicher Wissensdrang und unser Mitteilungsbedürfnis ließen riesige Portale und Netzwerke im Internet entstehen.

Da wir wissen, dass Generationen glücklicherweise nicht nur von ihren Vorfahren, sondern vor allem von eigenen Erkenntnissen und Erfahrungen geprägt werden, besteht auch für die Generation Y noch die Hoffnung, eines Tages zu erkennen, dass wir gemeinsam die Welt verändert und die Menschen in ein neues digitales Zeitalter geführt haben.

1.1.2 Online sein – Das Suchtgift der Generation Y

Suchtgift – ja, Sie lesen richtig! Für uns ist der Kontakt ins Internet beinahe von so hoher Bedeutung wie die Luft zum Leben. Smartphones und soziale Netzwerke haben es geschafft, dass wir den Großteil unseres Tages „online" verbringen. Das Schlimme daran: Die schnell fortschreitende Technologie hat sich von Jahr zu Jahr immer mehr in unseren Alltag breit gemacht. Jetzt können wir gar nicht mehr ohne Smartphone bzw. Internetzu-

Abb. 1.3 Die 3 größten Ängste der Generation Y: Akku leer, kein Empfang, Speicher voll

gang. Das Erschreckende an dieser Sache: Solange wir unser Smartphone bei uns haben, der Akku voll ist und das Zeichen für mobilen Datentransfer (welcher uns den Zugang ins Netz ermöglicht) aktiv ist, ist alles gut und wir kämen gar nicht auf den Gedanken, darüber nachzudenken, dass wir regelrecht süchtig danach sind. Bemerkbar wird es erst dann, wenn man seine Mitmenschen beobachtet, sobald der Zugang ins Netz nicht möglich ist oder sich der Akku langsam aber sicher verabschiedet (Abb. 1.3).

Ich kann gerade davon ein Lied singen. Erst neulich war ich in den Schweizer Bergen mit meinem Fahrzeug unterwegs und hatte im Alltagsstress mein Ladekabel vergessen. Die Batterie meines Smartphones war leer und ich war alleine.

Das, was dann geschieht, dem Anblick eines Kettenrauchers, den man zum Entzug schickt. Wie fühlen wir uns in diesem Moment? Zu Beginn werden wir unruhig, nervös, zickig und zum Schluss auch etwas aggressiv mit dem Drang, endlich wieder vernetzt zu sein. Selbst bekommt man es kaum mit und all jene, die einen darauf ansprechen, man sei abhängig, erzählen ohnehin nur Müll. Doch es stimmt. Ich kann das immer sehr gut im Urlaub beobachten. Es fängt bereits bei der Buchung an. Bevor ich mir überhaupt Gedanken darüber mache, wie die Anlage und das Freizeitangebot aussieht, selektiere ich die Hotels bereits nach dem Punkt „freies WLAN in der ganzen Anlage" aus. Sie sind der Meinung, ich falle mit diesem Verhalten in die Kategorie Hardcore-Nutzer? Sind Sie schon einmal während eines Urlaubsaufenthalt durch die Einkaufsstraßen gebummelt und haben beobachten können, wie sich junge Menschen vor einem Geschäft gesammelt hatten und Sie dachten sich: „Gibt es dort etwas gratis?" Ja, gibt es und zwar freies WLAN.

So unglaublich sich das anhören mag, es ist Tatsache. Ich konnte es mehrmals beobachten, als ich mit meiner Familie durch die Straßen von Bardolino gebummelt bin.

Starbucks zum Beispiel ist nicht wegen des Kaffees erfolgreich geworden. Schauen Sie sich doch mal um, einen Kaffee aus dem Pappbecher, unbequem sitzen und dann über 4 € für einen Kaffee. Nein, Starbucks ist erfolgreich geworden, da die Kette in Kalifornien als erstes Unternehmen kostenfreies WLAN angeboten hat.

Ein Urlaub, in denen wir kaum das Handy benötigen, gibt es kaum mehr. Vor zwei Jahren verbrachte ich den Urlaub gemeinsam mit Freundin und Familie. Dieser Urlaub war ausschlaggebend dafür, sich mit dem Gedanken auseinanderzusetzen, regelrecht süchtig zu sein. Meine Freundin beschrieb den Urlaub wie folgt: „Unausstehlich, nie wieder ein Urlaub in einem Hotel ohne WLAN." Ihren Beschreibungen zufolge war ich mehr gestresst als vor Urlaubsantritt. Dem Kind, dem man den Schnuller klaut, war ich anscheinend sehr nahe. Empfunden habe ich das selbst natürlich nicht so. Muss man denn im Urlaub immer online sein und mit seinen Freunden chatten? Nein, mach ich auch nicht. Ich genieße die Zeit im Urlaub, um Blogartikel oder ähnliches zu lesen, wozu ich während meines Arbeitsalltags einfach nicht komme. Meistens entwickeln sich daraus kreative Ideen, da der Kopf einfach mal frei ist und man die Momente ideal nutzen kann, um nächste Arbeiten zu strukturieren oder einfach ein Brainstorming in schöner Umgebung abzuhalten. Das ist für mich Entspannung. Stundenlanges Brutzeln in der Sonnenliege am Pool ist für unsere Generation einfach kaum möglich. Wir brauchen das Gefühl, irgendetwas in die Tat umgesetzt zu haben oder etwas Neues gelernt zu haben.

Vor wenigen Wochen wurde mir eine erschreckende Geschichte erzählt: Eine Lehrerin fragte ihre Schüler 1970 in der Grundstufe: Man kann es nicht sehen aber wir brauchen es zum Leben? Darauf antworteten die Kinder chorartig: Die Luft. Die Antwort auf dieselbe Frage in der heutigen Zeit: WLAN (vgl. Abb. 1.4). So unglaublich sich das anhört, zeigt es auf, wohin wir uns bereits in den nächsten Jahren entwickeln werden.

1.1.3 Warum sind wir rund um die Uhr online? Die Story von Thomas

Wir haben gelernt, Technologien zielgerichtet einsetzen können, um möglichst schnell an Information aus aller Welt zu kommen und Fachwissen aufzubauen.

Dazu eine Geschichte: Thomas und ich waren damals 16 Jahre alt, als wir uns kennengelernt haben. In unserer Freizeit verbrachten wir viel Zeit miteinander. Als wir 19 Jahre alt waren, haben wir uns aus den Augen verloren. Hauptgrund: Ausbildung, stressiger Alltag etc. Thomas machte sein Abitur und ging seiner Leidenschaft nach: der Technik. Zumindest dachte er das zu diesem Zeitpunkt. Dank sozialer Netzwerke haben wir uns nach einiger Zeit wieder gefunden und fingen an, hin und wieder miteinander zu schreiben. Er hatte einen gut bezahlten Job und generell war bei ihm alles okay. „Alles okay" war Thomas anscheinend zu wenig. Im Laufe der Zeit habe ich mitbekommen, dass er ein neues Hobby entdeckt hat. Er hat begonnen, Filme zu drehen: Sportaufnahmen und auch

1.1 Was sind Digital Natives und warum spricht jeder … 11

Abb. 1.4 Digitalisierung beginnt bereits im frühen Alter

sonst alles, was ihm Spaß bereitet hat. Die ersten Filme, die er mir gezeigt hat, haben mich nicht so überzeugt.

Zwei Jahre später die Meldung: Thomas hat seinen gut bezahlten Job geschmissen und ist nun selbstständig. Ich dachte sofort an die ersten Filme und war etwas skeptisch. Die Entscheidung von Thomas machte mich neugierig und ich wollte mehr darüber wissen. Wir schrieben eines Abends und gingen wenige Tage später gemeinsam Mittagessen.

Thomas erzählte mir, weshalb er seinen gut bezahlten Job geschmissen hat: „Ich habe mich im Betrieb nicht mehr wirklich wohlgefühlt. Mir wurde keine Chance gegeben, meine Potentiale komplett auszuleben. Natürlich ist es ein Risiko, alles auf eine Karte zu setzen, aber für mich ist glücklich sein wichtiger als ein gut bezahlter Job. Heute mache ich genau das, was mir auch wirklich tagtäglich ein Lachen ins Gesicht zaubert."

Man sagt unserer Generation nach, Gehalt sei nicht der Hauptantrieb einer Arbeit nachzugehen. Die Selbstverwirklichung stehe im Vordergrund – bei Thomas trifft das zu. Er zeigt mir seine aktuellen Arbeiten, die er mittlerweile für große Marken abwickelt. Ich konnte mich kaum halten. Die Aufnahmen waren sehr speziell und lösten bei mir Gänsehaut aus. Einzigartige Filme, die den Zuseher emotional abholen; danach suchen Unternehmen, das bestätigt auch den aktuellen Erfolg von Thomas. Thomas hat sich in Rekordzeit zum Profi entwickelt. Natürlich wollte ich wissen, wie er diese Fertigkeiten in kürzester Zeit gelernt hat und eigentlich hätte ich es wissen müssen: „Das Thema ist sehr komplex, wenn du wirklich gute Filme produzieren willst. Normale Filme kann jeder schnell drehen. Das, was du gerade gesehen hast, habe ich alles von den Profis auf YouTube und deren Blogs gelernt. Ich musste zuerst lernen, welches Equipment ich brauche etc. Hin und wieder tauchten bei mir Fragen auf, auf die ich keine Antwort im Netz gefunden habe. In der Zeit von sozialen Netzwerken ist es relativ einfach, direkten Kontakt mit Experten aufzubauen. Das habe ich natürlich genutzt und bekam Tipps aus erster Hand."

Nach dem Treffen zeigte ich die Arbeiten von Thomas einem Bekannten. Dieser Bekannte beschäftigt sich seit über 15 Jahren mit Filmaufnahmen. Auch er war begeistert von den Filmen. Ich wollte es genau wissen: „Du bist seit Jahren in diesem Bereich tätig und zählst zu den Urgesteinen. Was denkst du, wie lange braucht ein Anfänger um diese Fähigkeiten zu erlernen?" – „Also um diese Ergebnisse liefern zu können, ist jahrelange Erfahrung notwendig." Als ich ihm sagte, in welchem Zeitraum sich Thomas seine Fähigkeiten angeeignet hat, war er sprachlos. Diese Story zeigt, wie meine Generation aktuelle Technologien nutzt und zielgerichtet einsetzt, um Expertenwissen aufzubauen.

1.1.4 Social Media haben mein Leben verändert! Die Erfolgsstory von YouTube-Star Mischa Janiec

Mischa Janiec zählt zu den erfolgreichsten Video-Bloggern im deutschsprachigen Raum (Wolff 2013). Er bewegt Massen, seine Videos erreichen Millionen von Zuschauern und egal wo Mischa auftaucht, herrscht Ausnahmezustand (Abb. 1.5).

Für Millionen Jugendliche ist Mischa *das* Vorbild und doch war er vor zwei Jahren noch völlig unbekannt und als angestellter Kundeberater tätig. Mischa ist 1991 in Biel/Schweiz geboren und zählt somit zur Generation Y. Social Media sind für ihn Teil des Alltags.

Begonnen hat seine Story mit Skoliose, einer dreidimensionalen Fehlstellung der Wirbelsäule, die ihm große Probleme im Alltag bereitet hat. Sein Arzt riet ihm seinen Körper regelmäßig zu trainieren, um den Symptomen entgegen zu wirken und bestenfalls eine

Abb. 1.5 Mischa Janiec begeistert die Massen

Besserung erzielen zu können. Mischa begann von nun an regelmäßig seinen Körper im Fitnessstudio zu trainieren. Wenn er nicht gerade im Fitnessstudio war, tat er das, was Digital Natives am besten können: sich online fortbilden und mit Gleichgesinnten aus der Fitness-Community austauschen. Sein Wissen über Training und Ernährung erweiterte sich von Tag zu Tag. Jedes kleinste Detail, das sein Training verbessern konnte, sog Mischa in sich auf. Dies machte sich auch optisch bemerkbar – sein Körper veränderte sich und die Motivation kannte keinen Halt mehr.

2011, im Alter von 20 Jahren, stand Mischa das erste Mal auf einer Wettkampfbühne. Bodybuilding ist eine Sportart, die sofort mit Doping in Verbindung gebracht wird. Doping war für den Nachwuchsathleten von Anfang an ein Tabu-Thema, weshalb er sich für den Verband SNBF entschied. Die SNBF, Swiss Natural Bodybuilding and Fitness Federation, ist ein Verband für dopingfreie Athleten. Jeder Athlet wird unangekündigt auf illegale Substanzen getestet.

Die Disziplin, das harte Training sowie der tägliche Wissensaufbau haben sich gelohnt. Mischa konnte die Schweizer Meisterschaft in der Junioren-Klasse für sich entscheiden und belegte gleichzeitig den 3. Platz im Schwergewicht (siehe Abb. 1.6).

Von nun an ging es Schritt für Schritt steil bergauf. Sein Ziel: sein Wissen vertiefen und weitergeben. Es folgte eine umfassende Ausbildung zum Personal Trainer sowie erste Fotoshootings von angesagten Fotografen.

2012 startete er erstmals eine Facebook-Page und seinen YouTube-Channel. Dort dokumentierte er von nun an täglich seine Fortschritte, gab Ernährungstipps und filmte seine Trainings ab. Die Community wuchs rasant. Immer mehr Fitness-Begeisterte suchten den Austausch zum Nachwuchswunder, Mischa Janiec. Die Nachfrage nach Online-Coaching war groß und Mischas erster Schritt in Richtung Selbstständigkeit. Da er zu dieser Zeit seinen Fokus noch nicht zu 100 % auf sein Hobby legen wollte, pflegte er seine Community nach der Arbeit (nach eigenen Angaben im Verhältnis: 60 % Angestellter/40 % selbst-

Abb. 1.6 Mischa Janiec bei der Schweizer Meisterschaft, Quelle: http://mischajaniec.com/de/ – Fotograf: Konrad Wolff

ständig). Zu dieser Zeit hat Mischa noch nicht ahnen können, wo seine Reise hingehen wird. Seine Videos erzielten eine immer größere Reichweite, die Community wuchs und wuchs. Die ersten Sponsoren standen vor der Tür und 2013 setzte Mischa alles auf eine Karte. Der Job als Angestellter war von nun an Geschichte. Ganz nach dem Motto: *Lebe deinen Beruf.* Er löste im deutschsprachigen Raum einen regelrechten Boom aus. Immer mehr Jugendliche folgten Mischas Lebensstil und begaben sich ins Studio, ernährten sich gesund und verzichteten auf Ausgehen sowie Alkohol. Der Fitness Lifestyle feierte ein großartiges Comeback!

Im November schrieb Mischa Geschichte. Er brachte ein erweitertes Programm seines Online-Coachings auf den Markt. Sein Programm, das Lean Bulk System (Wie baue ich möglichst fettfrei Muskelmasse auf) beschreibt er selbst so: „Das Lean Bulking System ist das Programm, welches ich damals gebraucht hätte, als ich gestartet bin. Ja, man kann sich die ganzen Infos selber mühevoll zusammensuchen und anlesen, wie ich es gemacht habe, aber es dauert mehrere Jahre. Du bekommst hier 100 % alles, was ich als Personal Trainer und Fitness Coach gelernt habe, in über 70 Videos messerscharf auf den Punkt erklärt"[2]

Wo steht Mischa heute? Mischa ist ein international gefragter Athlet, lebt in finanzielle Unabhängigkeit, hält Anteile in Startup-Unternehmen, ist Co-Founder einer Nahrungsergänzungsmarke und im November 2014 startete er gemeinsam mit einem Partner eine eigene Kleidungskollektion für die Fitness Community[3].

---

[2] Weitere Informationen unter: http://join.polskageneticsmembers.com/

[3] Weitere Informationen auf Facebook: https://www.facebook.com/polskagenetics, YouTube: https://www.youtube.com/user/mischajaniec, Website: http://mischajaniec.com/de/

1.1.5 Digital Detox – Eine Woche ohne Smartphone

Digital Detox erfreut sich in unserer digitalen und hypervernetzten Gesellschaft immer größerer Beliebtheit. Dabei wird für einen bestimmten Zeitraum gänzlich auf Smartphone, Computer & Co. verzichtet, um Stress zu reduzieren und sich auf die wesentlichen Dinge im Leben zu fokussieren. Hierfür werden bereits spezielle Digital Detox Camps angeboten.

Wer jetzt „kein Problem, das mach ich doch mit links!" sagt, ist herzlich dazu eingeladen, es mir gleich zu tun und eine Woche auf das geliebte Smartphone oder den Laptop zu verzichten. Zugegeben, mein Digital Detox basierte nicht ganz auf freiwilliger Basis. Mein Smartphone musste zur Reparatur und dank Nano-SIM-Karte konnte auch kein herumliegendes altes Handy als Ersatz dienen. Trotz großem Abschiedsschmerz war ich selbst gespannt, wie es mir als Digital Native eine Woche ohne Smartphone ergehen würde.

Die Vorbereitungen für den Verzicht waren gut durchdacht:

- sämtliche Freunde informieren, dass mir wichtige Informationen auf Facebook mitgeteilt werden müssen
- dem Arbeitgeber mitteilen, dass ich nur per Mail erreichbar bin
- wichtige Telefonnummern auf einem Zettel notieren

Bereits in der ersten Stunde meines Digital Detox musste ich ernüchternd feststellen, dass ich keinen Wecker besitze, da das ansonsten mein Smartphone übernimmt. So lief ich sonntagabends eine Runde schreiend im Kreis, bis mir einfiel, dass mein Radio über eine Weckfunktion verfügt und mein pünktliches Erscheinen zur Vorlesung am Montagmorgen doch nicht gefährdet ist. Save!

Die Freude über das gelöste Wecker-Problem hielt nicht lange an. Sätze wie „Ich ruf dich nachher noch an!" oder „Die Gruppenarbeit können wir später am Telefon besprechen!" kamen sonst nicht gerade selten aus meinem Mund. Auch der gewohnte Griff nach dem Smartphone in die Jackentasche löste immer wieder ein Gefühl der Trauer aus. Generell verspürte ich besonders in den ersten Tagen ein Gefühl der Leere und eine leichte Nervosität, als wenn ich etwas zu Hause vergessen hätte.

Schließlich wurde ich mit einem Problem konfrontiert, an das ich bei meinem Verzicht niemals gedacht hätte: Fällige Urlaubsanzahlungen sind per Onlinebanking schwierig durchzuführen, wenn der TAC-Code auf das Smartphone gesendet wird!

Nach einer Woche Digital Detox war die Freude über das reparierte Smartphone riesig. Ich habe mir während dieser Woche aber immer wieder Gedanken darüber gemacht, welchen Stellenwert das Smartphone in meinem Leben und in unserer Gesellschaft hat. Dabei ließ sich der Verzicht noch vergleichbar leicht in meinen Alltag integrieren. Schwieriger wird Digital Detox im geschäftlichen Umfeld.

Fazit: Für mich war diese eine Woche mit vielen kleineren Problemen verbunden. Trotzdem habe ich den Versuch insgesamt als angenehm empfunden und ein Gefühl der Freiheit verspürt. An alle, die über einen Digital Detox nachdenken: Go for it! (Abb. 1.7)

Abb. 1.7 Zuhause sein

1.2 Digital Natives und Digital Immigrants – der Aufprall zweier Generationen

Der Umgang mit sozialen Netzwerken, Skype, WhatsApp, Twitter, Smartphone, Blogs oder Facebook ist für unsere Generation Alltag. Was ist mit dem Rest der Bevölkerung, die vor 1980 geboren ist, den Digital Immigrants? Digital Immigrants („digitale Einwanderer") beschreibt jene Generation, welche nicht mit digitalen Medien aufgewachsen ist. Sie müssen sich all jene Fähigkeiten im Erwachsenenalter aneignen und sich die digitale Muttersprache der Digital Natives anlernen. Das ist für einen Großteil gar nicht mal so leicht.

Die Technologien werden komplexer und der Generation vor uns fällt es immer schwerer mit dem Wandel der Kommunikation und der Medien mitzuhalten. Digital Immigrants sind es gewohnt über Mail zu kommunizieren und sich mithilfe des Internets, Informationen zu beschaffen. Netzwerken, bloggen, skypen waren zu Beginn völlig fremd. Mittlerweile haben sich diese Dienste auch in der Generation der Digital Immigrants etabliert.

Wie schwer es mittlerweile Digital Immigrants im Alltag mit Digital Natives haben, lässt sich bereits in der Schule beobachten. Selbst die Bildung steht vor einer großen Herausforderung. Der Großteil der Lehrer sind traditionelle Digital Immigrants. Sie sprechen eine Sprache, welche für diese Generation typisch ist. Sie lehren mit Methoden, wie sie auch damals, als sie selbst noch Studenten waren, gelehrt wurden.

Digital Natives sind es gewohnt, schnell Informationen abzurufen, sie arbeiten in den meisten Fällen virtuell und bevorzugen Multitasking. Lernen, gleichzeitig fernsehen und nebenbei auch noch einen Artikel im eigenen Blog veröffentlichen? Für Natives ist das

1.2 Digital Natives und Digital Immigrants – der Aufprall zweier Generationen

Abb. 1.8 User werden immer jünger

Alltag. Für Immigrants ist es unverständlich und nicht nachvollziehbar. Ich kann mich noch sehr gut an meine Zeit in der Schule erinnern. Immer häufiger beschweren sich meine Lehrer: „Chats und neuartige Kommunikationsformen, ihr lebt doch nur mehr in einer virtuellen Welt! Wo soll das denn hinführen?"(siehe Abb. 1.8)

Ich war, wie es in meiner Generation eben üblich ist, sehr computeraffin und war damals bereits rund um die Uhr, sofern es mir der Alltag ermöglicht hat, online. Ich erinnere mich zurück an meinen Banknachbar: ein Native der Klassifizierung „Hardcore". Er lernte nur mehr im Netz. Sein Tagesablauf sah wie folgt aus: Schule – Schulschluss – Mittagessen, parallel online sein, recherchieren zu Themen, die wir vor wenigen Stunden in der Schule gelernt hatten. Wie es in sozialen Netzwerken üblich ist, schwimmt die Zeit dahin und während er zu Beginn seiner Recherche noch an der Oberfläche zu dem jeweiligen Thema recherchierte, tauchte er nach und nach immer tiefer in das Thema ein. Zur nächsten Stunde war er mit seinem Wissen bereits so weit, dass er die nächsten zwei Wochen in diesem Fach nicht mehr anwesend hätte sein müssen und jede Aussage unseres Lehrers öffentlich hinterfragte: „Ich habe das aber anders gelesen."

Wenn das Bildungssystem sich dem Verhalten der Digital Natives zukünftig nicht anpasst und sich Lehrer nicht dem Thema „Wie lernt die Generation Internet und wie kann ich meinen Unterricht anpassen?" widmen, wird es zukünftig noch viel schwieriger sein, als es bereits ist. Ihr seid jetzt schon mit den Jahrgängen ab 1980 überfordert – dann wartet auf die Generation nach uns. Ich bin Jahrgang 1989 und die ersten meiner Generation sitzen in euren Unternehmen oder führen die ersten eigenen internationalen Großunternehmen. Wenn ich mein Umfeld und die Nachkommen ansehe, fühle ich mich mit 24 Jahren mittlerweile mehr Digital Immigrant als Native. Zwölfjährige, die mit iPads hantieren und eigene YouTube-Channels mit Millionen von Klicks pro Video betreiben, sind längst keine Seltenheit mehr. Beobachtet doch einfach mal, wie eure Kinder mit aktuellen Technologien umgehen und für sich nutzen. Wenn Sie den Beweis haben wollen, wie angewiesen wir Digital Natives auf soziale Netzwerke, Smartphones etc. sind, beobachtet einmal unser Verhalten, sobald der Akku unserer Smartphones leer ist oder wir keine Internetverbindung haben.

Da die Schwierigkeit der Kommunikation zwischen Digital Immigrants und Digital Natives bereits in der Schule ersichtlich wird, können Sie ahnen, wie es in der Wirtschaft und in der Arbeitswelt aussieht. Wir werden älter und irgendwann arbeiten wir in eurem Betrieb. Sofern ihr euch mit uns noch nicht auseinandergesetzt habt, wird es schwierig werden, dieselbe Sprache zu sprechen.

Was Hänschen nicht lernt...

Mittlerweile schreiben wir das Jahr 2015, irgendwo in Deutschland sitzt beispielsweise ein 9 jähriger Junge in einem Klassenzimmer und langweilt sich Tode. Sie merken sicher, worauf ich im folgenden Beispiel hinaus will. Seine Lehrerin für die wichtigsten Fächer ist knapp über 50 Jahre alt. Nicht, dass sie nicht wüsste, wie man mit einem PC umgeht oder mit einem Smartphone telefoniert. Aber sie weiß inzwischen auch genau, dass die vor ihr sitzenden Schüler es besser können als sie, die den Kleinen doch eigentlich etwas beibringen soll. Deutschland rüstet auf, auch digital. Wann das in den Schulen endlich ankommt, bleibt allerdings fraglich. Und so sitzen neben dem 9jährigen, nennen wir ihn einmal Max, noch weitere 17 Kinder und freuen sich auf das Ende des Unterrichts. Der Klingelton bedeutet, sie dürfen das Smartphone aus der Tasche holen, auf dem Heimweg die Nachricht der Eltern checken, die sich wieder einmal verspäten, sich per Nachrichtendienst mit den Schulfreunden verabreden oder einfach auf der Suche nach lustigen Videos im Netz surfen.

Interaktive DVDs passend zu den Lehrplänen gibt es schon lange, für einzelne Fächer wie Englisch in der Grundschule gibt es auch dazugehörige Portale im Internet. Beides wird allerdings selten genutzt. Die technische Infrastruktur an den Schulen verhindert immer noch den regelmäßigen Einsatz im Unterricht und Lehrkräfte, die sich ungern an die neuen Methoden gewöhnen wollen, tun viel dafür, dass es noch recht lange so bleibt. Manchmal gehen Max und seine Mitschüler allerdings in den Computerraum. Dann dürfen sie auf Google oder in Wikipedia nach Begriffen suchen oder auf Lernportalen Aufgaben lösen. Der Klasse macht es Spaß, auf diese Weise zu lernen und so mancher Schreibfauler erbringt dabei am Computer Bestleistungen. Das sind die Tage, an denen die Kinder ihren Eltern von ihrem neuen Wissen erzählen, davon, dass sie Bilder von anderen Ländern gesehen haben und dass sie ganz allein im Internet herausgefunden haben, wie die größten Städte der Erde heißen und wo die meisten Menschen leben. Wissen, dass sich mit Bildern in ihrem Kopf verknüpft und das sie wohl für immer behalten werden.

Max und seine Klassenkameraden finden es schade, dass nicht jeden Tag am Computer gelernt wird. Denn Neues zu entdecken und zu lernen ist ja schließlich der Sinn der Schule. Wir aber haben immer noch Schulen, die Lernen und Spaß am Lernen verhindern. Wir leisten es uns immer noch, dass wir so viel Potential verschenken.

Personalchefs berichten bereits von einem Umdenken bei der Beschaffung von Personal. Sie haben gelernt, die Sprache der Digital Natives zu verstehen. Personaler berichten darüber, das Digital Natives extrem risikofreudig und individualistisch sind. Natives sind diszipliniert, motiviert und leisten mehr als man vorgibt. Die junge Generation strebt nach Selbstverwirklichung und hat Freude am Arbeiten. Gehalt und Status spielen im Beruf nur eine Nebenrolle. Das bedeutet in der Praxis ein Umdenken (Jenner 2013).

Der Fachkräftemangel ist ein Thema, das mittlerweile den Großteil der Unternehmen betrifft. Unternehmen haben mittlerweile gelernt, wie sie zu qualifizierten Personal kommen und das diese nicht über Massenmedien erreicht werden können. BMW ist nur ein Beispiel von vielen. Es gibt eine eigene BMW-Karriereseite auf Facebook mit einem einzigen Ziel: das Unternehmen für die junge Generation attraktiv und locker darzustellen. Doch auch hier gilt: Vorsicht, wie Sie Ihr Unternehmen in sozialen Netzwerken darstellen! Bleiben Sie authentisch! Positionieren Sie Ihr Unternehmen nicht in einem falschen Rampenlicht. Dies kann sich in kürzester Zeit negativ auf die Reputation des Unternehmens auswirken.

Die große Herausforderung von Personalchefs ist es, die junge Generation mit der traditionellen „alten" Generation in einem Team arbeiten zu lassen. Genau dann wird der große Unterschied der beiden Generationen ersichtlich. In der Praxis habe ich viele Unternehmensstrukturen gesehen und nur wenige haben es geschafft, Natives mit Immigrants zu vereinen. Dabei können beide Generation viel voneinander lernen. Immigrants können der jungen Generation die Erfahrungen im Geschäftsleben beibringen, die die junge Generation noch nicht gemacht hat. Umgekehrt können Natives den Firmenchefs, Marketingleitern oder welchen Positionen im Unternehmen auch immer, lehren, wie sie unsere Sprache in die bestehende Unternehmenskultur integrieren können und wie die Kommunikation auf unterschiedlichsten Kanälen aussehen sollte, um die Generation Y zu erreichen. Viele Unternehmen, die beide Generationen voneinander lernen lassen, berichten von völlig neuen Erkenntnissen und Erfolgen in der Unternehmenskommunikation.

Ich, Peter, kann das Beispiel von Dominik nur bestätigen. Denke ich an meine Karriere zurück, so habe ich 1999 das letzte technische Projekt geleitet. Bereits im Alter von 37 Jahren konnte ich, der quasi die EDV von der Pike auf gelernt hat, den jüngeren Kollegen in Bezug auf Digitalisierung nicht mehr folgen. Was ich erlernen musste, haben die Kollegen einfach bereits in die Wiege gelegt bekommen. Punkten konnte ich aber in Bezug auf Erfahrung, Gelassenheit und Andersartigkeit. Die Generation Buchenau war es wie bei McGyver immer gewohnt, alternative Lösungen zu finden.

Übrigens fällt mir zum Thema Personal ein selbst erlebtes Beispiel ein. Wie Sie ja mittlerweile wissen, bin ich ein Digital Immigrant. Letztes Jahr habe ich für mein Unternehmen eine neue Assistentin gesucht. Ich habe zwei Wege dazu ausprobiert. Einerseits die traditionelle Methode, anderseits die Personalsuche via Xing. Insgesamt haben sich ca. 90 Bewerber und Bewerberinnen für diese Position interessiert. Über Xing hatten sich gut 66 % beworben, über das Arbeitsamt 33 %. Die Bewerbungen waren natürlich unterschiedlichster Qualität, wobei man getrost sagen kann, dass gut zwei Drittel der Bewerbungen direkt in den Papierkorb gewandert sind. Das galt für Xing und Arbeitsagenturbewerbungen. Aus den übriggebliebenen Bewerbungen lud ich schließlich drei Bewerberinnen für ein persönliches Interview ein. Alle drei Kandidaten waren ziemlich gleichwertig in ihren Kenntnissen. Schlussendlich entschied ich mich für die jüngste Kandidatin, fünfundzwanzig Jahre jung. Sie kam meiner Beratertätigkeit von der Ausbildung her am nächsten. Ihren Arbeitsbeginn vereinbarten wir auf den Ersten des nächsten Monats. Als guter Arbeitgeber bereitete ich in den nächsten drei Wochen alles vor. Arbeitsplatz, Laptop, E-Mail-Adresse, Mobiltelefon, halt alles, was so dazu gehört. Am Tag des Starts präsentierte ich ihr das voller Stolz. Konnte ich doch einmal mehr meine IT-Kenntnisse anwenden. Als ich ihr das Equipment überreichte, schaute sie mich mit ganz großen Augen an. „Herr Buchenau", sagte sie zögerlich, „wir benutzen heute keine Laptops mehr. Alles, was ich brauche, habe ich auf meinem iPad, alles andere ist in der Cloud". Können Sie sich vorstellen, dass ich wie ein begossener Pudel vor ihr stand? Erst einmal war ich sprachlos aber schon kurze Zeit später hatte ich in MacGyver-Manier bereits die Lösungen parat. Hey, welche Chance für uns Kleinunternehmer! Kein lästiger Up- und Download von Software, keine Schwierigkeiten mit IT-Equipment, keine Zusatzkosten für Lizenzen, welch positive Entwicklung. Weiter noch, die Vereinbarkeit von Familie und Beruf. Das iPad hat die Dame immer bei sich, auch wenn sie privat unterwegs ist. Sie ist ein Digital Native.

Literatur

Bitkom (Hrsg.) (2014) Nicht ohne mein Smartphone. http://www.bitkom.org/de/presse/8477_79922.aspx. Zugegriffen: 23.02.2015

Jenner J (2013) Digital Natives. http://www.tagesspiegel.de/wirtschaft/digital-natives/8423906.html. Zugegriffen: 23.02.2015

Prensky, M (2001) Digital Natives, Digital Immigrants. http://www.marcprensky.com/writing/Prensky%20-%20Digital%20Natives,%20Digital%20Immigrants%20-%20Part1.pdf. Zugegriffen: 26.02.2015

Wikipedia (Hrsg.) (2014) Markusdom. http://de.wikipedia.org/wiki/Markusdom. Abgerufen: 24.02.2015

Wolff, K (2013) Mischa Polska Genetics Janiec. http://www.natural-bodybuilding.de/mischa-polska-genetics-janiec.html. Zugegriffen: 23.02.2015

2. Social Media – Willkommen in unserer Welt

Der Begriff Social Media ist in aller Munde und stellt Unternehmen vor neue Herausforderungen. Oft wird Social Media als das Kommunikationsinstrument der heutigen Jugend bezeichnet. Soziale Netzwerke haben das World Wide Web grundlegend verändert: Soziale Medien geben den Nutzern eine Stimme. Hier kann jeder problemlos Inhalte erstellen und öffentlich verbreiten. Der Dialog zwischen den Nutzern steht im Vordergrund. Ganz nach dem Prinzip: Jeder spricht über alles mit jedem. Der Mensch steht im Vordergrund. PR und das aggressive Platzieren von Werbebotschaften oder gar Multi-Level-Marketing (MLM) hat in diesem Medium keinen Platz.

Social Media – Unser Spielplatz, unserer Regeln
Welche Charakteristika haben soziale Netzwerke, dass sie als Kommunikationsform vor allem die junge Generation derart begeistern? Digital Natives sind ständig auf der Suche nach neuem Wissen, um sich selbst weiterzubilden. Komplexe Themen werden ständig hinterfragt und häufig wird nach Antworten gesucht. Natürlich geschieht dies heute zum größten Teil im Internet. Gesucht wird nach Gleichgesinnten, die am gleichen Thema interessiert sind und mit denen anschließend ein Dialog gestartet wird. Es entstehen Gespräche, Beziehungen und Diskussionen. In den meisten Fällen beteiligen sich mehrere Nutzer gleichzeitig in Echtzeit an der Diskussion. Dies führt dazu, das Social Media zum Hauptbestandteil unseres Alltags geworden sind. Das bestätigen auch aktuelle Umfragen zur Online-Nutzung.

40 % der Zeit der Online-Nutzung wird für soziale Netzwerke genutzt
GlobalWebIndex veröffentlichte 2014 Daten zur täglichen Nutzung von sozialen Netzwerken (vgl. ⊙ Abb. 2.1). Die Daten liefern ein deutliches Ergebnis – Soziale Netzwerke dominieren die Online-Nutzung mit fast 30 %. Das entspricht einer ungefähren Nutzungsdauer von 1,06 h pro Tag, in der wir auf Plattformen wie Facebook, Google+ und Co.

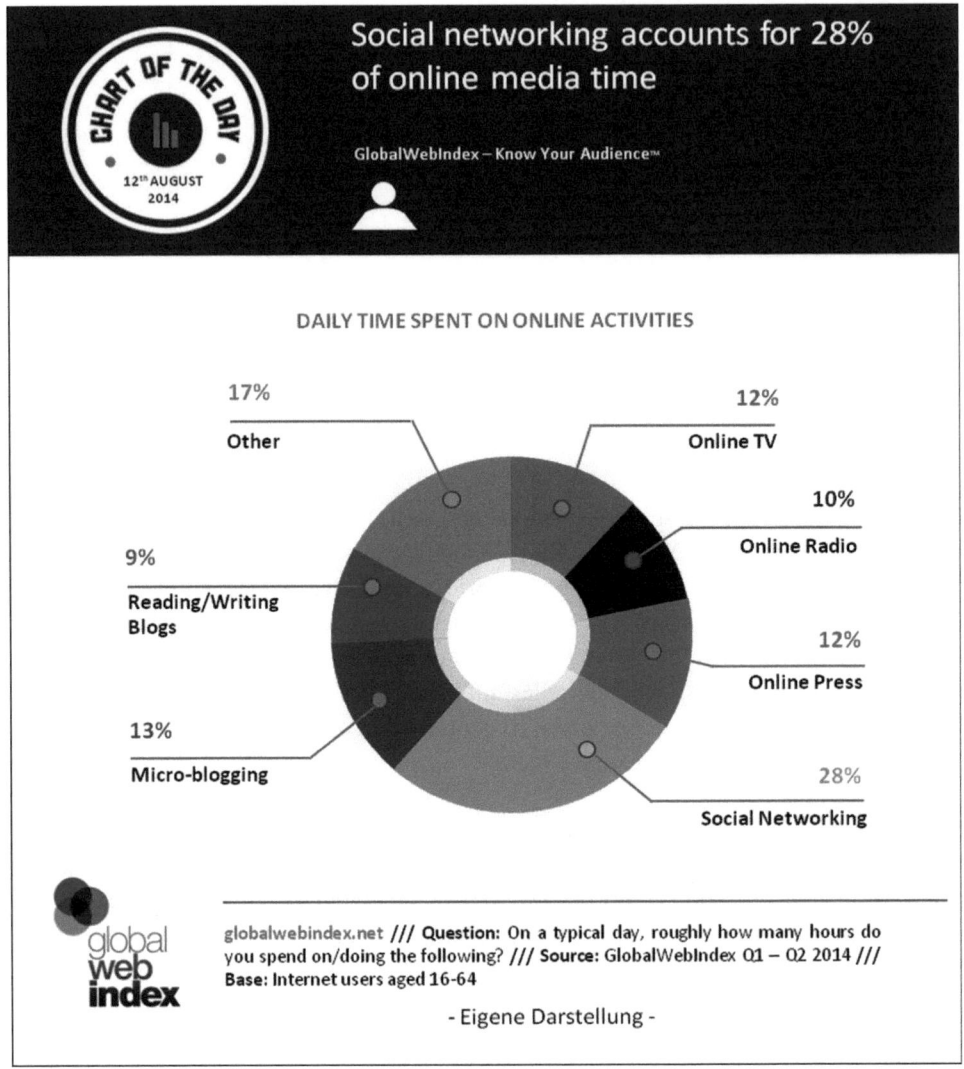

Abb. 2.1 Statistik zur täglichen Nutzung von sozialen Netzwerken. (Quelle: GlobalWebindex)

unterwegs sind. Betrachtet man die Grafik etwas genauer, wird ersichtlich, dass Global-WebIndex, Blogs lesen und schreiben sowie Micro-Blogging wie Twitter nicht zu „Social Networking" zählt. Würde man diese in die Wertung von „Social Networking" mit einfließen lassen, so würden Web-User knapp 40 % der Zeit der Online-Nutzung mit sozialen Netzwerken verbringen (Benett 2014).

In Social Media sind multimediale Inhalte wie Fotos, Videos etc. fixer Bestandteil in der Kommunikation. Wer sich am Austausch beteiligen will, benötigt nur ein Profil. Dies ist in den meisten Fällen kostenlos und einfach zu erstellen. Das Profil verleiht dem User eine virtuelle Identität, mit der er in sozialen Netzwerken surft. Sozialen Netzwerken sagt man nach, dass die User dort relativ viel von sich preisgeben. Im Profil werden Hobbys, Alter, Interessen, Geschlecht sowie ein Profilbild hinterlegt und der Nutzung steht nichts mehr im Wege. Die Gemeinschaft in Social Media nennt man Community.

„Brauchen wir dieses Medium überhaupt? Das wird ohnehin wieder abgedreht. „Solche oder ähnliche Aussagen stehen auf der Tagesordnung. Zu Zeiten, als das Internet die ersten Haushalte erreicht hatte und erste Mails versandt wurden, gab es mich noch nicht. Allerdings habe ich mir sagen lassen, dass die gleichen Diskussionen damals ebenfalls stattgefunden haben. Die Arbeitswelt hat das Internet und damit verbundene Technologien über die Jahre hinweg als fixen Bestandteil im Alltag integriert und so wird es auch mit Social Media sein. Facebook ist das größte soziale Netzwerk. Viele verbinden mit Social Media automatisch Facebook. Facebook ist nur ein Instrument und selbst wenn der Netzwerk-Riese fallen würde, soziale Medien sowie die dahinterstehende Technologie werden sich weiterentwickeln und die digitale Vernetzung wird Teil unseres Alltags sein.

2.1 Die Digitalisierung der Medien

Die Digitalisierung der Medien wird aus aktuellen Umfragen und Studien ersichtlich. Eine aktuelle Umfrage hat die beliebtesten Medienaktivitäten in Deutschland im Vergleich 2013/2014 untersucht und folgendes Ergebnis kam dabei raus: Die Poleposition

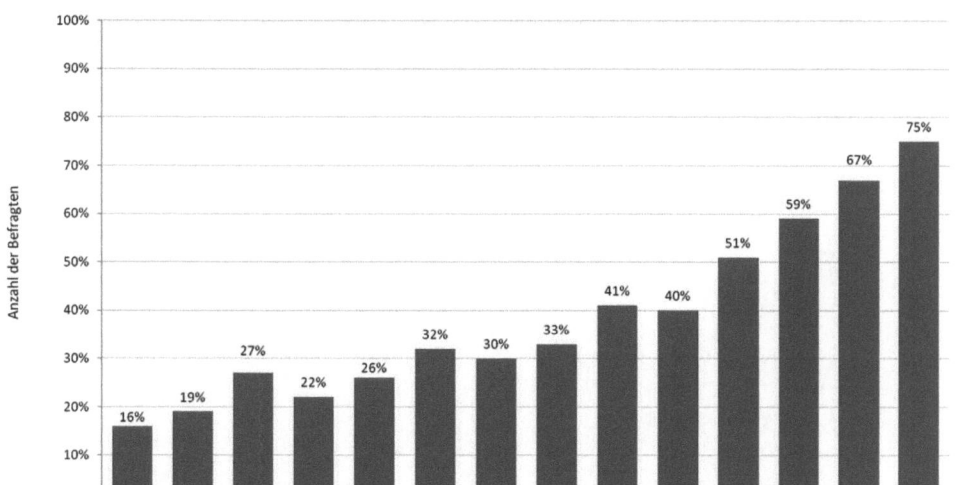

Abb. 2.2 Parallele Nutzung von Internet und TV nimmt zu. (Quelle:statista.com)

hält immer noch das Medium Fernsehen. Knapp 30 % aller Befragten gaben an, am liebsten fernzusehen. An Platz 2 hat sich das Surfen im Internet platziert. An dieser Stelle hat sich innerhalb eines Jahres einiges getan. 2013 lag der Wert bei 15 %. Dieser Wert ist um 10 % gestiegen, Internetsurfen liegt aktuell bei 25 %. Das Internet als beliebteste Medienaktivität liegt somit nur noch 5 % hinter der Poleposition, dem Fernsehen. Der Trend geht in Richtung parallele Mediennutzung. Das bestätigt auch eine aktuelle Studie (siehe Abb. 2.2). Die Nutzung von Internet und Fernsehen ist in den letzten Jahren ersichtlich angestiegen (Statista 2015a).

Beobachten lässt sich das bei Events, wie zum Beispiel der Fußball WM 2014. Das aktuelle Spiel gespannt zu verfolgen und parallel über den Ablauf zu twittern oder auf Facebook mit Freunden zu diskutieren ist längst keine Seltenheit mehr (vgl. ⊙ Abb. 2.3). 350 Mio. haben online an den Themen zur WM teilgenommen. Noch größer sind die Zahlen bei der Interaktion von Beiträgen: Es gab rund 3 Mrd. Interaktionen (Kommentare, Likes, Shares etc.) rund um die Weltmeisterschaft. Während politischer Diskussionen im TV ist es bereits normal, parallel mit anderen Usern über die Aussagen zu twittern und seine Meinung zu äußern.

An Platz 3 der beliebtesten Medienaktivitäten befindet sich mit 11 % das klassische Buch. Allerdings mit einem Verlust von −2 % zum Vorjahr. Ein Grund dafür könnte die

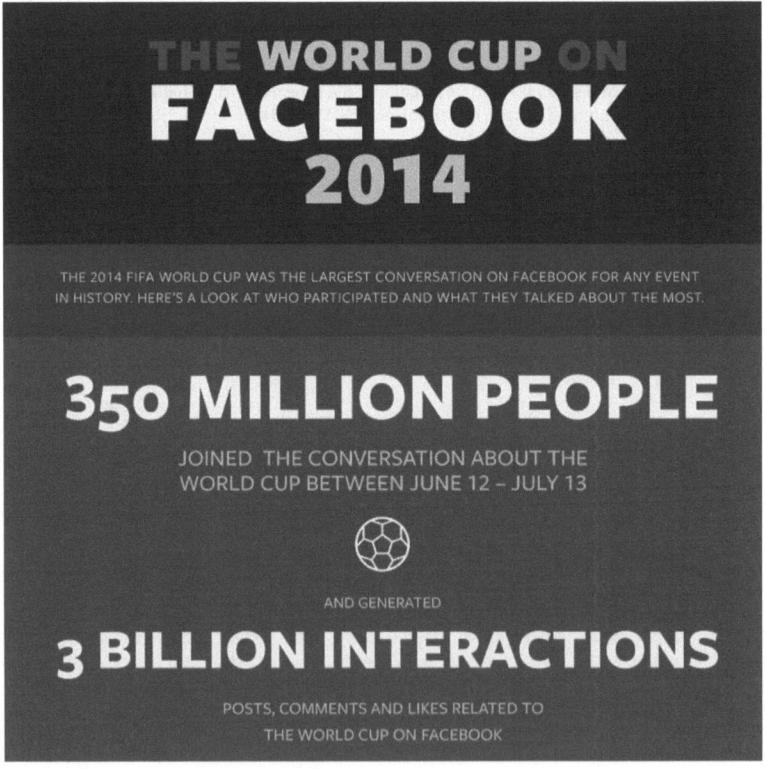

Abb. 2.3 Infografik FIFA WM 2014. (Quelle: Facebook)

steigende Beliebtheit der neuen E-Reader-Technologie sein. Meiner Meinung nach wird dieser Wert der gedruckten Bücher in den kommenden Jahren weiter fallen.

Das Thema Digitalisierung von Büchern sehe ich ähnlich wie den damaligen Umstieg von Röhrenfernsehern auf Flatscreen-TVs oder den Umstieg von VHC zu DVD. Als die ersten Flatscreens die Werbung stürmten, hatte nur ein Bruchteil aller Haushalte bereits den geliebten Röhrenbild-TV in einen Flatscreen getauscht. Über die Jahre hinweg schmückten dann immer mehr Flatscreen-TVs die heimischen Wohnzimmer. Ähnliches lässt sich beim E-Reader beobachten. Den ersten E-Reader bekam ich während meines Urlaubs zu sehen. Von einem Jahr auf das nächste hatten immer mehr Urlauber E-Reader in den Händen. Überraschend allerdings, dass es nicht wie erwartet die junge Generation war, welche diese neuartige Technologie als erste genutzt hatten. An dieser Stelle waren es die Digital Immigrants, die sich dafür sofort begeistert hatten.

Den ersten Kindle habe ich getestet, weil meine Mutter ein Gerät bekommen hat. Ich bin mir sicher, dass der Großteil der Generation Y noch keinen E-Reader verwendet. Zurück zur Umfrage, zu den beliebtesten Medienaktivitäten. Zu den größten Verlierern zählen Zeitschriften und Zeitungen. 2013 lag der Wert bei Zeitungen noch bei 11 %. Aktuell (2014) liegt der Wert nur noch bei 5 %. Ähnliche ist der Trend auch bei Zeitungen ersichtlich. Zeitungen sind von 7 % auf 3 % gefallen.

2.2 Die Zeit für neues Marketing ist da

Wir, die Generation Y, beeinflussen die Bildung, stellen Personalabteilung bei der Suche nach Fachkräften vor neue Herausforderungen, verändern traditionelle Vertriebsformen, bringen Vertreter der klassischen Medien zum Schwitzen und jetzt verändern wir auch noch Marketingaktivitäten, die bis vor wenigen Jahren noch so gut funktioniert hatten.

Die Art, wie Menschen Werbung wahrnehmen, verändert die Marketingformen kontinuierlich. Im Durchschnitt werden Konsumenten mit 2500 bis hin zu 10.000 Werbebotschaften pro Tag konfrontiert, die lediglich im Unterbewusstsein wahrgenommen werden (Menhard 2008). In der Regel erinnern wir uns am Ende des Tages gerade einmal an drei davon. Die Gesellschaft wird regelrecht einer Werbeflut ausgesetzt. Dies führt dazu, dass Konsumenten gegenüber Werbebotschaften immer kritischer werden. Vor allem wir, die Generation Digital Natives, haben gelernt, nur wirklich relevante Inhalte wahrzunehmen. Wie sieht modernes Marketing der neuen Generation aus und welchen Werbemöglichkeiten können von Unternehmen genutzt werden, um zukünftig aus der Werbeflut herauszustechen?

Der Trend geht in Richtung Werbung, die kaum mehr bei den Kunden als solche erkennbar ist. Bei modernen Werbekampagnen stehen interaktive Elemente im Vordergrund. Statische Firmenauftritte, die nur Hintergrundinformationen liefern, gehören der Vergangenheit an. Ein moderner Webauftritt verfügt über einen Weblog und Social-Media-Schnittstellen um mit der gewünschten Community einen Dialog zu führen.

Moderne Marketingformen fordern explizit den Aufbau von Vertrauen, Authentizität und Transparenz von Unternehmen und zielgruppenorientierte Werbebotschaften. Wer seine Zielgruppe nicht kennt und versteht, wird es zukünftig schwer haben. Moderne Kampagnen sind auf die Bedürfnisse und Interessen der gewünschten Zielgruppe und deren Surfverhalten abgestimmt und motivieren den Nutzer zur Aktion!

Die Zielgruppe wird in bestimmte Prozesse eingebunden. Firmen bitten plötzlich die Zielgruppe mithilfe von Votings auf Facebook, die Meinung für neue oder bestehende Produkte abzugeben und lassen das erhalten Feedback in die Produkte/Dienstleistungen mit einfließen. Das ist Marktforschung auf höchstem Niveau ganz nach dem Thema: Lerne deine Zielgruppe kennen und biete deiner Zielgruppe genau das an, was sie fordert! Wie erfolgreich der Dialog zwischen Unternehmen und Zielgruppe auf Augenhöhe sein kann, zeigte eine Ritter-Sport-Kampagne.

1980 brachte die Alfred Ritter GmbH & Co. KG die Schokoladensorte Olympia auf den Markt – eine Vollmilchschokolade mit einer Füllung aus gehackten Haselnüssen und einer Creme aus Joghurt, Traubenzucker und Honig. Vor einigen Jahren wurde die Sorte aus ökonomischen Gründen vom Markt genommen. Das schwäbische Familienunternehmen wurde überschwemmt von Beschwerden und Zuschriften der Verbraucher.

Es ging aber noch viel weiter. Die Nutzer drängten das Unternehmen mit Unterschriftaktionen, Online-Petitionen und eigenen Foren auf die Wiedereinführung der Ritter Sport Olympia. Die große Beteiligung hatte die Folge, dass sich Ritter Sport Gedanken darüber machte und nun den Dialog zu den Verbrauchern suchte und sich zur Wiedereinführung der Schokolade entschloss. Allein die Ankündigung der Wiedereinführung hat in den sozialen Medien für ein Freudenfeuer gesorgt.

Die Firma pflegt ständig den Dialog mit den Verbrauchern und nutzt die Macht der Konsumenten, um neue Vorschläge für neue Sorten zu erhalten. Also sollte dieser Dialog auf Augenhöhe auch bei der Wiedereinführungskampagne der Olympia im Vordergrund stehen.

Es wurde eigens eine Website eingerichtet, auf der Verbraucher die Möglichkeit hatten, Vorschläge für Aktionen zur Markteinführung, den Slogan der Werbeplakate oder Videos einreichen konnten.

Diese Videos konnten von anderen Usern bewertet werden. Die Videos mit den meisten Stimmen wurden in den offiziellen Werbespot eingebunden. Ritter Sport konnte mit dieser Kampagne den besten Vorabverkauf einer neuen Sorte erzielen. Zehn Wochen lang war das Produkt die verkaufsstärkste Sorte im Sortiment.

2.2.1 Push Marketing war gestern – Schluss mit dem Sender-Empfänger Modell

Das Internet ist schon seit langem eines der wichtigsten Informationsmedien, jedoch hat sich dieses Medium in den letzten Jahren sehr stark verändert. Früher waren es die Unternehmen und Zeitungen, die Werbebotschaften in Massenmedien wie Zeitungen oder Fern-

2.2 Die Zeit für neues Marketing ist da

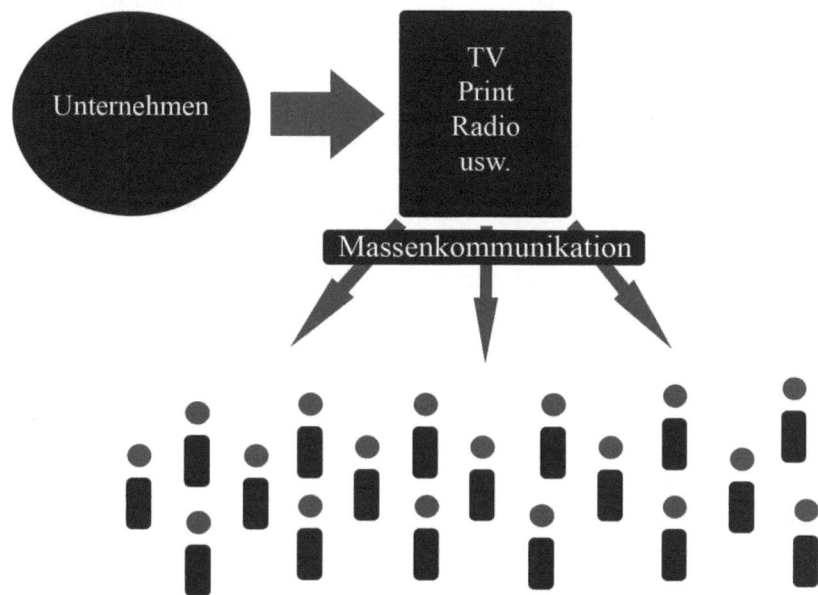

Abb. 2.4 Sender-Empfänger-Modell

sehen zum Konsumenten lieferten (Einweg-Kommunikation/Sender-zu-Empfänger-Modell/Push Marketing).

Das klassische Sender-zu-Empfänger-Prinzip (vgl. ⊙ Abb. 2.4) hat die Aufgabe, von Unternehmen (Sender) definierte und abgestimmte Werbebotschaften zu den Kunden (Empfänger) oder jenen, die es werden sollen, zu transportieren (Wikipedia 2015b). Man streut Markenbotschaften mithilfe von klassischen Werbeformen wie Radio/TV/Flyer etc. an eine breite Masse von Personen und hofft dabei, möglichst viele Kunden zu erwischen, welche der Zielgruppe des Unternehmens entsprechen könnten. Im Regelfall treten Konsumenten nicht mit dem Unternehmen in Kontakt. Weiterhin ist ungewiss, ob die gewünschte Marketingbotschaft beim Empfänger richtig aufgenommen wird. Wie erfolgreich eine Kampagne gelaufen ist und wie viele Kunden tatsächlich erreicht wurden, lässt sich nur durch wenige Kennzahlen ermitteln.

Dies ist heute gänzlich anders. Das Internet gibt Verbrauchern in der heutigen Zeit eine eigene Stimme und jeder User kann Inhalte dank modernster Technologien ganz einfach generieren und verbreiten. Blicken wir einige Jahre zurück, so hatten User kaum Möglichkeiten, ihre Inhalte öffentlich zugänglich zu machen. Zumal der Verbraucher erst einmal technische Skills benötigte, um seine eigene Internetpräsenz erstellen zu können.

Grund für die radikale Veränderung ist die Entstehung von Websites sozialer Netzwerke wie beispielsweise Facebook. Diese Seiten brechen alle gewohnten Marketingregeln und Prinzipien. Es gelingt Plattformen wie Facebook, Menschen mit gemeinsamen Interessen zusammenzuführen, einen Dialog herzustellen und Inhalte auf einfachste Weise online zu stellen. Die Stunde des öffentlichen Informationsaustausches hat begonnen – ein Wandel, der von den klassischen Marketingaktivitäten Kreativität fordert.

2.2.2 Die große Angst vor Social Media

In einem Interview zeichnete der Ex-Telekom-Personalvorstand Thomas Sattelberger ein eher düsteres Bild unserer Generation, der Generation Y. „Viele Menschen, die heute ins Berufsleben starten, unterscheiden sich grundlegend von ihren Vorgängern vor zehn Jahren. Doch sie sind längst nicht alle kreative Freigeister, die viele unter der Generation Y verstehen", lautet sein düsteres Fazit, welches mich zur Frage bringt, warum das so ist (Huffingtonpost 2014).

Altbewährt ist immer gut?
Im Grunde spricht er ein Problem an, dass scheinbar vor allem in Unternehmen verstärkt wahrgenommen wird. Der digitale Wandel, der sich weltweit vollzieht, ist in vielen Bereichen der Gesellschaft und vor allem in den Köpfen der Menschen noch nicht angekommen. Junge Menschen, egal welcher Generation, wurden und werden immer auch erzogen und geprägt von den Generationen vor ihnen. Ihre Erfahrungen und Riten sind es, die von Generation zu Generation weitergegeben werden. Dies geschieht meist deshalb, weil man Liebgewonnenes und scheinbar Funktionierendes nicht aufgeben will. Immerhin sind es diese Erfahrungswerte, auf die die gesellschaftliche, politische und auch wirtschaftliche Zukunft weiterhin aufbauen soll.

Der Generationskonflikt oder Angst vor Veränderungen
Und jetzt kommen wir, die Generation Y, die sich selbst als Macher, Kreative, Querdenker, Erbauer und Erfinder sehen. Wir haben an uns den Anspruch, die Welt zu verändern und sollte uns dies nicht sofort gelingen, dann wollen wir sie wenigstens ein bisschen besser für alle machen. Wir wollen und nutzen den technischen Fortschritt. Wir bauen auf digitale Medien und vernetzen uns weltweit in sozialen Medien. Wir revolutionieren die Arbeitswelt, kommunizieren in Sekundenschnelle und profitieren gegenseitig von unseren Netzwerken.

An dieser Stelle prallen Welten aufeinander. Der digitale Fortschritt, vor allem die sozialen Medien, betrachten wir als Chance, während in den meisten Köpfen unserer Elterngeneration Social Media als destruktiv eingestuft wird. Es bereitet ihnen Angst. Aus ihrer Sicht betrachtet haben sie damit sogar Recht. Digitale Medien, Social Media und technischer Fortschritt haben durchaus etwas bedrohliches und zerstörerisches an sich.

Sie zerstören nämlich ein gesellschaftliches System, das fast zwei Jahrhunderte lang funktioniert hat, und läuten ein neues Zeitalter ein. Es ist nicht Angst vor der neuen Technik und den sozialen Medien, die die Generationen vor uns dazu treibt, Social Media

Abb. 2.5 Veränderungsexperte Ilja Grzeskowitz. (Quelle: http://www.grzeskowitz.com/)

zu verteufeln, denn die meisten von ihnen haben sich noch nie intensiv mit den Möglichkeiten von Social Media befasst. Sondern: Es ist die Angst vor gesellschaftlichen, politischen und wirtschaftlichen Veränderungen, die Angst, dass Strukturen aufbrechen, die sehr lange Bestand hatten. Eine Angst mit verheerenden Folgen für die Wettbewerbsfähigkeit unserer Unternehmen.

Was sagen Experten dazu? Ilja Grzeskowitz – Der Experte für Veränderung (Abb. 2.5).

Wirklich jeder Mensch hat Ängste. Die entscheidende Frage ist einzig und alleine, wie wir damit umgehen. Ob wir uns von ihnen lähmen lassen oder ob wir sie zu unserem besten Freund machen. Denn nichts beeinflusst Veränderung so sehr wie Angst. Sie ist der größte denkbare Antreiber und lässt uns Dinge vollbringen, von denen wir nicht mal im Traum daran gedacht haben, dass sie möglich wären.

Doch leider nutzen die wenigsten Menschen diese produktive Kraft. Stattdessen lassen sie sich von ihren Ängsten dominieren, lähmen und aufhalten. Und befinden sich dann in einer Negativspirale, aus der es sehr schwer wird, wieder zu entkommen.

Denn die Ängste, denen wir uns nicht stellen, werden zu unseren Grenzen. Und die Zweifel, denen wir nachgeben, werden zu Zäunen, die diese Grenzen stärker und immer weniger überwindbar machen. Wann immer Sie vor einer Veränderung stehen, bei der Sie Zweifel, Unsicherheit oder Angst verspüren, empfehle ich Ihnen, sich zwei Fragen zu stellen:

1) Was ist das Schlimmste, das passieren kann?
2) Falls das Schlimmste eintreten sollte, bin ich in der Lage, eine Lösung zu finden? Mehr Infos über Ilja: http://www.grzeskowitz.de/

Denken in alten Bahnen verhindert Fortschritt
Um wettbewerbsfähig zu bleiben, brauchen Unternehmen diese speziellen Typen der Generation Y. Wenn Personalverantwortliche den Biss unserer Generation noch zu häufig vermissen, so liegt es daran, dass viele von uns keine Chance erhalten, sich individuell zu

entwickeln. Quer- und Andersdenker werden bereits in einem überholten Bildungssystem aussortiert und angepasst. Angepasst an das Leitbild, welches Politik und Bildung nach althergebrachten Methoden immer noch vermitteln. Auf diese Weise wird verhindert, dass Social Media und digitale Möglichkeiten als Selbstverständlichkeiten im Alltag integriert werden.

Die Ablehnung des digitalen Fortschritts, der digitalen Medien und die Übervorsicht im Umgang mit ihnen mögen legitim erscheinen, wenn man bedenkt, dass unsere Vorgängergenerationen ihre gesellschaftlichen Werte erhalten wollen. Sie erinnern aber auch ein wenig an die Zeit der Hexenverbrennung oder der Maschinenstürmer. Allerdings wissen wir aus der Geschichte, dass sich Fortschritt nicht aufhalten lässt. Die entscheidende Frage lautet allerdings, an welcher Stelle der fortschrittlichen Nationen werden wir stehen, wenn unsere Gesellschaft sich dem Fortschritt weiterhin verschließt.

Die digitale Vernetzung der User untereinander ist Hauptbestandteil von sozialen Netzwerken. Mit einem Klick kann eine Nachricht in Sekunden zu unkontrollierbarer Reichweite führen, sowohl mit positiven als auch mit negativen Auswirkungen. An diesem Punkt scheiden sich die Geister und Ängste breiten sich in Unternehmen aus. Der Kontrollverlust ist einer der Hauptgründe, weshalb sich Manager gegen dieses Medium entscheiden. Die Kunden könnten Negatives über das Unternehmen berichten oder falsche Tatsachen über Produkte und Dienstleistungen verbreiten. Nicht nur kleine und mittlere Unternehmen beschäftigen sich mit der Frage, wie man mit diesem Medium umgehen soll, auch Großkonzerne sind davon betroffen. Sollte das einer der Gründe sein, weshalb Sie Social Media noch nicht in Ihre Marketingkommunikation eingebunden haben, muss ich Sie leider enttäuschen und Ihnen mitteilen, dass Sie dadurch Online-Gespräche nicht umgehen können. Gespräche finden statt, auch wenn Sie bisher nicht daran teilgenommen haben. User sprechen bereits über Ihre Themen, Produkte oder sogar über Ihr Unternehmen. Den Austausch können Sie nicht verhindern.

Ihre Aufgabe ist es, Teil dieser Gespräche zu werden. Bieten Sie Ihren Interessenten eine zentrale Plattform wie z. B. eine Unternehmensseite auf Facebook an, auf der sich User austauschen können – so haben Sie zumindest die Kontrolle über den Austausch auf Ihrer Seite und können auf Kritik eingehen und größeren Imageschaden umgehen bzw. reagieren. Der ein oder andere Teilnehmer war in meinen Workshops sehr verwundert darüber, über welche Themen sich die User über die eigene Marke bereits austauschen (Abb. 2.6).

Die Sache mit dem Zeitaufwand -„Da müssen wir doch ständig posten und die Seite dauerhaft im Auge behalten"
Schaffen Sie zeitliche Ressourcen, denn Social Media bedarf Zeit. In welchen Zeitabständen Inhalte veröffentlicht werden, hängt ganz allein von Ihrer Zielgruppe ab. Betrachten Sie den administrativen zeitlichen Aufwand ähnlich wie das Überwachen Ihrer Mails – Ihre Mails werden immerhin auch regelmäßig geprüft, auch wenn Sie nicht vor Ihrem Rechner sitzen.

2.2 Die Zeit für neues Marketing ist da

Abb. 2.6 Gespräche finden im Netz statt! Unternehmen müssen Teil dieser Gespräche werden!

Bei Facebook bekommen Sie eine Nachricht, sobald ein User einen Beitrag auf Ihrer Seite kommentiert, dem Unternehmen eine Nachricht sendet oder selbst einen Beitrag auf Ihrer Seite verfasst. In den meisten Fällen wird der Aufwand für das Überwachen der Seite zu Beginn überschätzt. Sie müssen nicht ständig Facebook auf dem Schirm haben. Mithilfe der FB-Seitenmanager-App können Sie Ihre Seite auch mobil überwachen.

> **Beispiel**
>
> Sie sind heute Out of Office und nicht vor dem Rechner. Ein Kunde hat ein Problem mit einem Ihrer Produkte und sendet nun eine Nachricht. Vor allem die junge Generation verfasst eher Nachrichten auf Facebook direkt an das Unternehmen als eine Mail. Warum? Weil wir es gewohnt sind, auf Facebook rasche Antworten zu bekommen. Ihr Smartphone macht Sie darauf aufmerksam. Nun haben Sie zu reagieren! Bei Kommentaren sieht der Prozess gleich aus. Sie erhalten eine Nachricht und entscheiden anschließend, ob eine Reaktion Ihrerseits notwendig ist. Nicht selten schalten sich andere User ein und helfen dem User bei seinem Problem weiter. Sollte ein Kommentar direkt an Sie gerichtet sein, ignorieren Sie diesen keinesfalls. Auch positive Kommentare wie Lob etc. fordern Feedback
>
> Tipp: Haben Sie einen Digital Native in Ihrem Betrieb, der möglicherweise im Kundenmanagement tätig ist? Nutzen Sie Ihn! Wir sind es gewohnt, Social Media sinnvoll einzusetzen. Wir kennen die Tools, mit denen wir das Zeitmanagement mit sozialen Netzwerken optimieren können und ebenso kennen wir die Spielregeln in sozialen Netzwerken. Während Sie andere Mitarbeiter mit diesem Medium vertraut machen und erst anlernen müssen, kennen wir diese Landschaften, denn Social Media sind unser zweites Zuhause.

Machtverschiebung im Netz

Welche starke Gewichtung die Stimme der User in sozialen Netzwerken für Unternehmen hat, davon berichtet auch Investment Punk Gerald Hörhan in seinem Vortrag: „Warum Ihr schuftet und wir reich werden": Als der Provinzmusiker David Caroll aus Kanada mit United Airlines reiste, ging seine Gitarre während der Reise kaputt. Dieser hat sich mehrmals bei United Airlines beschwert und über ein Jahr vergeblich versucht, Schadenersatz von der Fluggesellschaft zu bekommen. Daraufhin gab es von David Caroll eine klare Reaktion. Er drehte ein Video, in dem er die Zerstörung seiner Gitarre schilderte. Das Video wurde in kürzester Zeit von Millionen von Zusehern angesehen. Mehr als die Bevölkerung Österreichs, Deutschlands und der Schweiz zusammen. Es folgten über 5500 Medienanfragen und auch Nachrichtensender wie CNN und BBC berichteten über diesen Vorfall. Der Aktienkurs ist aufgrund dieser Sache innerhalb einer Woche um 10 % (220 Mio) eingesunken. Das Netto-Vermögen des bislang unbekannten Musikers ist innerhalb von einem Jahr von 0 auf 15 Mio. USD angestiegen. Plötzlich kannte jeder seine Musik (Martin 2009).

United Airlines haben völlig falsch reagiert und die Vorfälle abgestritten. Der amerikanische Kongress hat daraufhin ein Hearing einberufen zum Thema „Kundenmanagement". Dieser Vorfall zeigt, wie ein kleiner kanadischer Musiker mit aktuellen Technologien die Bosse von United Airlines, Delta Airlines, American Airlines, South West Airlines, North West Airlines sowie US Airways, die zusammen etwa 1 Mio. Mitarbeiter beschäftigen und die weltgrößte Flugzeugflotte (etwa 7000 Flugzeuge) kontrollieren, wie Lemminge vorgeführt hat.

Dieser Vorfall ist einer von vielen, der nicht hätte passiert müssen, hätte sich United Airlines im Vorfeld mit erfolgreicher Krisenkommunikation im Social Web vertraut gemacht. Wie man als Unternehmen Krisenkommunikation professionell plant und ausführt, erfahren Sie in ▶ Abschn. 2.4.8.

2.2.3 Warum Social Media Marketing für Unternehmen immer wichtiger wird[1]

Markenbildung im Social Web
Der Mensch braucht Marken! Das ist so, und das war schon immer so. Wir neigen dazu, großen Marken zu vertrauen. Die Markenbildung in sozialen Netzwerken ist für Unternehmen ein wichtiger Bestandteil, um Sympathie zu erhalten und Vertrauen aufzubauen. Das Ziel muss es sein, bei der Zielgruppe positive Emotionen zu erzeugen, die mit den eigenen Produkten und Dienstleistungen in Verbindung gebracht werden. Positive Assoziationen, die im Zusammenhang mit einer Marke erweckt werden, sorgen für Kaufentscheidungen! Deshalb ist es für Unternehmen umso wichtiger, sich mit dem Thema Social Media Marketing auseinanderzusetzen.

Kundenbindung – Kommunikation auf Augenhöhe mit den Kunden!
Im Vergleich zu traditionellen Massenmedien kann mit dem Einsatz von Social Media der Dialog mit der Zielgruppe hergestellt werden. Unternehmen bekommen durch diesen Marketing-Kanal die Möglichkeit, mit den Kunden auf Augenhöhe zu kommunizieren und die Bedürfnisse der Kunden zu verstehen. Das Feedback zu einem Produkt geht den direkten Weg zum Unternehmen; Kundenwünsche können somit frühzeitig erkannt werden.

Das in ▶ Abschn. 2.2 geschilderte Beispiel der Schokoladenmarke „Ritter Sport" zeigt, wie der wechselseitige Dialog mit den Kunden vor allem für die Marktforschung und Produkterweiterung genutzt werden kann. Eine Community lebt vom Austausch zwischen Unternehmen und Konsumenten. Das Ziel muss darin bestehen, regelmäßig relevante Inhalte zu erstellen, die von den Kunden auch gelesen werden. Dies fördert den Aufbau von Vertrauen und die Bindung an das Unternehmen: Die Kunden werden so zu Markenfans und Markenbotschaftern. Die Reichweite bei einer aktiven Community ist enorm hoch. Dadurch können neue Zielgruppen erreicht werden, welche mit Offline-Medien bisher nicht angesprochen werden konnten.

---
[1] Siehe auch Bannour und Grabs 2014 a, b.

Enorme Reichweite durch virale Inhalte
Eine der größten Stärken von Social Media ist das Empfehlungsmarketing. User suchen den Meinungsaustausch und bewerten Produkte und Dienstleistungen. Gut ist, was dem Publikum gefällt. Mit dem Klick auf den „Gefällt mir"-Button empfiehlt der User den Inhalt seinen Freunden weiter. Gehen wir davon aus, dass der User durch die positive Bewertung auf den Inhalt hinweist, weil er der Meinung ist, der gelesene Artikel oder das Produkt sei für seine Freunde relevant, wird der Freundeskreis schnell auf die Empfehlung aufmerksam und informiert sich genauer über das Produkt oder die Dienstleistung. Im besten Fall wird somit wieder auf „Gefällt mir" geklickt und fleißig weitergeteilt – so entsteht Mundpropaganda bzw. Viralität!

Unter Viralität versteht man die extreme Verbreitung von Inhalten im Internet, die zum Selbstläufer werden. Auf diese Weise können Unternehmen eine schnelle und günstige Verbreitung von Werbebotschaften mit einer hohen Reichweite generieren. Der Bekanntheitsgrad kann in kürzester Zeit gewaltig ansteigen, und es können neue Kunden gewonnen werden. Doch auch hier gilt: Erstellen Sie interessante, gehaltvolle und vor allem kreative Inhalte! Inhalte, die nach dem „Push-Prinzip" gestaltet werden, haben in digitalen Netzwerken meist keine Chance auf Viralität.

Jedes Produkt hat eine Story!
Erzählen Sie Ihrem Publikum diese Geschichte! Zeigen Sie Ihren Lesern, was für die Qualität Ihrer Produkte spricht. Dies kann in Form von Bildern, Videos oder Geschichten erfolgen. Mit dem Einsatz von Social Media lassen sich Geschichten über ein Produkt, aber auch die eigenen Unternehmenswerte ganz einfach an ein breites Publikum kommunizieren. Ziel muss es sein, dass die Geschichten über das Produkt den Leser fesseln und emotional involvieren, sodass er sich noch tagelang an die Story erinnert. Nur so wird es Unternehmen zukünftig gelingen, dass die eigenen Beiträge aus der Werbeflut herausstechen und weitergegeben werden.

Rasches Reagieren bei negativem Feedback
Die große Stärke von Social-Media-Plattformen liegt in der freien Meinungsäußerung der Nutzer. Diese Stärke birgt jedoch auch Risiken für Unternehmen. Es steht dem User frei, sein Feedback zu einer Marke öffentlich zu machen – dieses Feedback ist jedoch nicht immer positiv. Das ist ein nicht zu unterschätzender Punkt, vor dem die meisten Unternehmen großen Respekt haben. Oft ist dies auch ein Grund dafür, dass Unternehmen sich gegen den Einsatz von Social Media entscheiden, ohne sich vorab von Experten aufklären zu lassen.

Negatives Feedback muss nicht schlecht sein! Ein professioneller Umgang mit negativer Kritik kann ebenso ins Positive gewendet werden. Als Unternehmen ist es wichtig, öffentlich zu zeigen, dass das Feedback eines Users ernst genommen wird und man sich um das Anliegen sowie einen entsprechenden Lösungsvorschlag kümmert. Zeitnahes Reagieren und transparente Kommunikation sind das A und O beim Umgang mit negativem Feedback. Wie man professionelles Krisenmanagement als Unternehmen planen kann, wird im ▶ Abschn. 2.4.8 genauer beschrieben.

2.2 Die Zeit für neues Marketing ist da

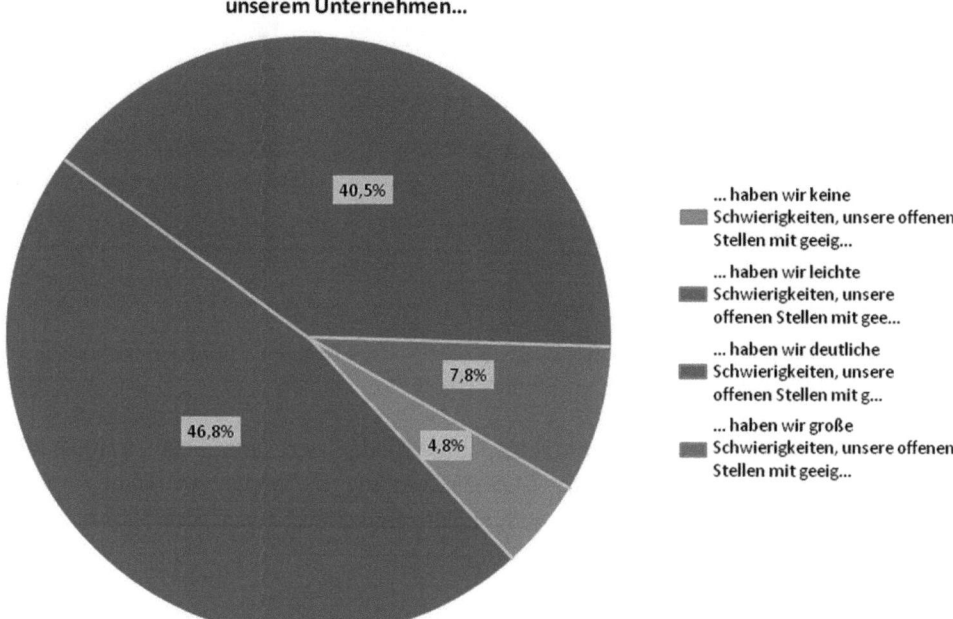

Abb. 2.7 Schwierigkeiten in der Personalbeschaffung. (Quelle: Social Media Recruiting Report 2013, ICR)

Personalbeschaffung – Social Recruiting

In den letzten Jahren hat sich der Personalbereich grundlegend verändert. Die Zeiten, in denen es für das Personalrecruiting ausreichend war, eine Anzeige in einer Zeitung aufzugeben oder einen Aushang auf einem schwarzen Brett zu tätigen, sind definitiv vorbei (Winter 2011). Diese Veränderung hat verschiedene Entwicklungen zu Grunde.

Ein Befragung des Institute for Competitive Recruiting von über 10.000 Personalverantwortlichen aus Deutschland aus unterschiedlichen Branchen im Jahre 2013 ergab, dass 90 % der Unternehmen Schwierigkeiten haben, ihre offenen Stellen zu besetzen (vgl.◉ Abb. 2.7).

Social Recruiting, oft auch als Social Media Recruiting, Social Hiring oder Social Recruitment bezeichnet, ist eine Disziplin des Online Recruitings und verwendet, wie der Name schon erahnen lässt, verschiedene soziale Netzwerke wie beispielsweise XING, LinkedIn oder Facebook zur Personalbeschaffung (Zils 2011). Dabei werden die Inhalte der Werbemaßnahmen an den Interessen der Zielpersonen ausgerichtet. Diese Form des Recruitings besteht seit 2009, seitdem nutzen immer mehr Unternehmen die sozialen Netzwerke um Mitarbeiter zu akquirieren. Das Institute for Competitive Recruiting zeigt die Entwicklung von Social Recruiting (vgl. ◉ Abb. 2.8) (Competitiverecruiting 2013).

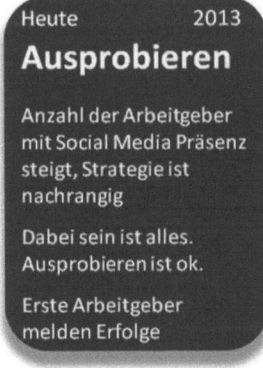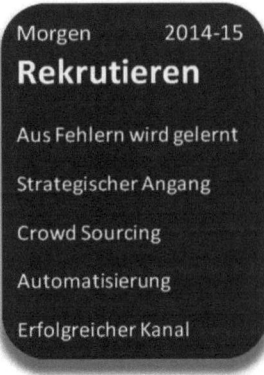

Abb. 2.8 Entwicklung von Social Recruiting. (Quelle: Social Media Recruiting Report 2013, ICR)

Social Recruiting kann in kurzfristige, mittelfristige und langfristige Maßnahmen unterteilt werden. Zu den langfristigen Maßnahmen zählt das Employer Branding, zu den mittelfristigen das Personalmarketing, während die aktive Suche nach Mitarbeitern zu den kurzfristigen Maßnahmen gehört.

Fast 50 % der Arbeitgeber nutzen Social Recruiting
Den Erfolg von Social Recruiting zeigt der Social Media Recruiting Report 2013: Mittlerweile wird mehr als jede 10. Stelle mithilfe der Social Media besetzt, somit ist das Social Recruiting auf Platz 3 aller Recruitingquellen. Fast 50 % der Arbeitgeber nutzen bereits Social Media für die Personalbeschaffung, wobei das soziale Netzwerk XING hierbei die erste Wahl der Unternehmen darstellt.

2.3 Social-Media-Strategie – So erreichen Sie Ihre zukünftigen Kunden

Halten Sie sich immer vor Augen: In sozialen Netzwerken geht es um Beziehungen und um das Zuhören sowie das Antworten. Eine erfolgreiche Social-Media-Strategie bedarf einer sorgfältigen Recherche und Planung im Vorfeld. Die Planung entscheidet darüber, ob Ihre Präsenz und Ihre Social-Media-Kampagnen erfolgreich sein werden oder nicht. Unternehmen, die planlos starten, werden scheitern. Dies kann zu fatalen Folgen der eigenen Reputation führen (Weinberg 2010).

Die Nutzer entscheiden selbst, welche Inhalte für sie persönlich relevant sind und welchen Marken sie in sozialen Netzwerken folgen und mit welchen sie interagieren wollen. Aggressive Marketingkampagnen haben in diesem Medium keinen Platz und stoßen regelrecht auf Ablehnung.

Stellen Sie sicher, welche Ziele Sie mit dem Marketinginstrument Social Media verfolgen und welche Schritte erforderlich sind, damit Sie diese Ziele nachhaltig erreichen können.

2.3.1 Notwendige, vorbereitende Tätigkeiten

Der Großteil nutzt Social Media, weil es der Mitbewerb auch tut, weil man Social Media aus den Medien kennt und man bereits viele Kampagnen gesehen hat. Hier beginnen meist die Probleme. Man beschäftigt sich zu wenig mit diesem Thema und startet blind drauf los. Die meisten Projekte scheitern.

Recherchieren, Brainstorming und Entscheiden
Verschaffen Sie sich zu Beginn einen ersten Überblick über das Thema Social Media und entscheiden Sie anschließend, wie Social Media im bestehenden Unternehmen integriert und genutzt werden kann. Unternehmen, die sich diesem Thema widmen, sollten sich intensiv mit der Frage beschäftigen, was dieser Schritt für das eigene Unternehmen bedeutet. Soziale Netzwerke leben von der Aktualität sowie der transparenten Kommunikation zwischen Kunden und Unternehmen. Nicht jedes Unternehmen ist bereit dafür. Unternehmen, die eine klar strukturierte Strategie verfolgen, benötigen interne Kompetenzen sowie zeitliche Ressourcen. Soziale Netzwerke verändern die komplette Kommunikation im Unternehmen und stellen diese vor Herausforderungen. Deshalb ist es ratsam, begleitend einen Experten hinzuzuziehen.

Sind Sie bereit, die Kontrolle über Ihre Botschaften abzugeben?
Im Social Web kann jeder ganz einfach selbst Inhalte erstellen und diese veröffentlichen. Genau davor haben die meisten Unternehmen Angst. Sie verlieren die Kontrolle der Botschaften und sind überfordert mit der Tatsache, dass plötzlich Kunden Feedback abgeben. Nicht immer sind die Reaktionen positiv. Kritik ist im Social Web keinesfalls etwas Negatives. Sehen Sie Kritik als Chance Ihr Angebot zu verbessern und schenken Sie den Verbesserungsvorschlägen Ihre Aufmerksamkeit. Kritik ist Gold wert. Unternehmen, die ohne Strategie und Planung ins Social Web starten, werden scheitern. Wie man mit öffentlicher Kritik professionell umgeht, ist Teil der Social Media Strategie und wird im ▶ Abschn. 2.4.8 genauer erklärt.

Sie benötigen Zeit und Ressourcen!
Social Media Marketing wird nur dann erfolgreich sein, wenn Sie langfristige Ziele verfolgen. Die Planung und Durchführung einer Social Media Strategie ist zeitintensiv. Es werden interne Kompetenzen (Arbeitskräfte) benötigt. Vor allem zu Beginn sollte ein hoher Zeitaufwand eingeplant werden:

> **Kampagnenplanung**
> - Interne Prozesse gehören geplant.
> - Bestehende Communitys müssen ausfindig gemacht werden.
> - Wie wird in diesem Medium gesprochen?
> - Inhalte gehören aufbereitet und umgesetzt
> - Betreuung der Community

Mit der steigenden Erfahrung sinkt der zeitliche Aufwand, der zu Beginn beträchtlich sein wird. Sie werden lernen, wie Sie Social Media als zusätzlichen Arbeitsprozess integrieren und anwenden können. Sie sollten nicht nur mit zeitlichen Ressourcen planen, sondern auch mit finanziellen Ressourcen. Dass Social Media Marketing nichts kostet, ist ein Irrglaube. Sie werden einen Experten benötigen, der Sie bei Ihrem Vorhaben begleiten wird. Ebenso erfordern gute Kampagnen gutes Geld.

Wofür steht Ihr Unternehmen?
Machen Sie sich intern genaue Gedanken darüber, für was Ihr Unternehmen steht. Was wollen Sie transportieren? Das sollte eigentlich in jedem Kopf verankert sein und trotzdem wissen es viele Mitarbeiter nicht. Im Social Web gilt es, diese Werte zu transportieren, mit dem Ziel, dass das Unternehmen für die Community spürbar und greifbar wird. User im Social Web wollen Teil des Unternehmens sein, wollen mitsprechen und mitwirken. Transportieren Sie niemals Werte, für die das Unternehmen nicht steht. Authentizität ist das A und O in sozialen Netzwerken.

2.3.2 Ziele setzen, Visionen haben

Die Definition der Ziele ist der erste Schritt der Planung einer Social-Media-Strategie. Die Praxis zeigt, dass der Großteil der Unternehmen keine Strategie verfolgt, geschweige denn, Vision und Ziele definiert hat.

Wie komme ich als Unternehmen zu meinen Zielen?
Stellen Sie sich als Unternehmen immer die Fragen, warum Sie auf Social-Media-Plattformen aktiv sein wollen und was Sie als Unternehmen erreichen wollen! Was ist Ihnen und Ihrem Unternehmen wichtig? Wofür steht das Unternehmen und wo soll die Reise hin gehen? Das Was und das Warum sind von elementarer Bedeutung. Erst wenn Sie als Unternehmer diese Punkte definiert haben, können Sie sich an die Strategie wagen. Ein Ziel könnte zum Beispiel sein, im eigenen unternehmerischen Umfeld die Nr. 1 am Markt zu sein. Es gibt im Management eine einfache Formel, die leider viele Chefs und Führungskräfte vergessen haben: Vision → Strategie → Umsetzung

2.3 Social-Media-Strategie – So erreichen Sie Ihre zukünftigen Kunden

Abb. 2.9 Vision, Strategie, Umsetzung

Die Strategien müssen immer den Zielen und der Vision folgen. Wie Social-Media-Strategien beispielsweise aussehen könnten, zeigt ⊙ Abb. 2.9.

Markenbekanntheit steigern
Unternehmen, die ihre Reichweite und somit ihre Markenbotschaften an ein breites Publikum kommunizieren wollen, stehen vor der Herausforderung, die bestehende Zielgruppe zu Markenbotschaftern zu konvertieren. Markenbotschafter werden gewonnen, indem sich Unternehmen intensiv mit der definierten Zielgruppe auseinander setzen und dem Publikum vermitteln, dass es gehört wird und man als Unternehmen stets bemüht ist, sich an den Bedürfnissen der Kunden zu orientieren. Wie in ▶ Abschn. 2.2 erwähnt, wird die Gesellschaft immer kritischer gegenüber Werbebotschaften von klassischen Vertretern. Der Kunde informiert sich zuerst online und sucht nach authentischen Meinungen zu dem gewünschten Produkt. An diesem Punkt wird die Kaufentscheidung bereits beeinflusst von den Informationen, die der potentielle Kunde vorfinden wird. Dies bedeutet, dass Bewertungen zu den jeweiligen Produkten von echten Konsumenten eine hohe Relevanz für uns haben. Markenbotschafter empfehlen somit die eigentlichen Produkte der Marke aus Überzeugung freiwillig weiter, sowohl online als auch offline, sodass Viralität/Mundpropaganda/Reichweite/Interaktion entsteht und somit auch die Bekanntheit der Marke steigt.

Traffic auf Ihrer Website
Höhere Besucherzahlen auf der eigentlichen Website – ein Ziel, das sich größtenteils aus dem Ziel „Markenbekanntheit steigern" ableiten lässt. Überzeugte Kunden sowie die wachsende Reichweite führen zu höheren Besucherzahlen auf der Website. Platzieren Sie die Verlinkung zu Ihrer Seite allerdings nicht zu aggressiv. Machen Sie sich Gedanken dazu, ob der Link richtig platziert ist und ob dieser einen Mehrwert für das Publikum darstellt. Auch hier gilt: Weniger ist mehr.

Verweildauer auf der eigentlichen Seite erhöhen
Statische Unternehmensseiten mit langweiligen Unternehmensinfos gehören in der Zeit von Social Media der Vergangenheit an. Die User suchen stetig nach neuen Inhalten, die für sie einen Mehrwert bieten. Die Markenbekanntheit sowie die Besucherzahl der eigentlichen Website steigt. Welchen Nutzen ziehen Unternehmen daraus, wenn sich der Traffic

nicht konvertieren lässt und der User nicht das, vorfindet was er eigentlich sucht? Ein Corporate Blog (Unternehmensblog) ist dafür ideal geeignet, da sich der User in ein aktuelles Thema vermehrt einliest und sich über eine längere Zeit auf der Website aufhält.

> **Beispiel**
>
> Das Unternehmen X ist Marktführer für Produkt Y. Social Media Marketing ist fixer Bestandteil des Marketingmix. Dadurch hat es das Unternehmen geschafft, sich online als Meinungsführer zu positionieren. Die Community auf Facebook ist über die letzten Monate rasant angestiegen. Auf der Website wurde ein Unternehmensblog integriert, wodurch es gelingt, Themen für die User anzubieten, die Mehrwert vermitteln, sowie das Unternehmen transparent darzustellen. Ein neues Thema steht an! Im Fokus steht eine neue Technologie, die für das Produkt angewandt wird und das Produkt somit noch besser macht. Der interne Social Media Manager veröffentlich einen Artikel darüber im Unternehmensblog. Damit die Community auf Facebook den Artikel liest und eine Interaktion stattfindet, wird der Link zum Artikel mit einer kurzen und aussagekräftigen Einleitung auf der Facebook-Seite veröffentlicht mit dem Ziel, die Community auf den Blog zu leiten. Am Ende des Artikels betätigen die Leser den „Gefällt mir"-Button, sofern der Artikel für sie persönlich gut ist. Mit dem Klick des „Gefällt mir"-Buttons empfehlen die User den Artikel dem eigenen Netzwerk. Es entsteht Traffic auf der eigentlichen Website des Unternehmens. Freunde, die mit dem Unternehmen X noch nicht in Kontakt getreten sind oder für die das Unternehmen X bisher unbekannt war, lesen aufgrund ähnlicher Interessen und der persönlichen Empfehlung den Artikel, somit werden neue Kunden erreicht. Der User ist am Artikel und an der neuen Technologie interessiert und sucht nach ähnlichen Themen im Blog, die über die Zeit entstanden sind. Die Verweildauer auf der Seite steigt.

Achten Sie als Unternehmen darauf, dass der User immer das vorfindet, was ihm im Vorfeld vermittelt wurde.

Absatzgenerierung: neue Märkte
Mit den Targeting-Möglichkeiten, die Facebook mitbringt, können Unternehmen gezielt neue Märkte anstreben und eine Community im jeweiligen Land oder der jeweiligen Region ansteuern und aufbauen.

Verbesserung des Images
Mit dem Einsatz von Social-Media-Kanälen verfügen Unternehmen über die Möglichkeit, der Marke ein bestimmtes Image zu verpassen oder im Falle des Falles, das negative Image zu verbessern.

> **Beispiel**
>
> Das Unternehmen X wurde mit einer neuen Geschäftsführung besetzt. Unter der alten Geschäftsführung war das Unternehmen vor allem als schlechter Arbeitgeber bekannt.

Gründe:
- Aggressiver Chef
- Keine Aufstiegschancen
- Um Lehrlinge wird sich kaum gekümmert
- Schlechtes Arbeitsklima

Die neue Geschäftsführung ist sich dessen bewusst und setzt sich zum Ziel, den bisherigen Umständen auf den Grund zu gehen und aktiv zu verbessern. Nach wenigen Monaten hat sich das Image intern verbessert – der erste Schritt zur Besserung. Nur hilft das allerdings relativ wenig, wenn das Image öffentlich und außerhalb des Unternehmens immer noch unter alten Bedingungen wahrgenommen wird.

Die innovative Geschäftsleitung setzt von nun auf Social Media Marketing mit dem Ziel, Inhalte zu generieren die das Image „schlechter Arbeitgeber" endgültig beseitigen soll. Zu den gewählten Kanälen zählen der Unternehmensblog und eine Facebook Seite.

Folgende Themen werden gezielt behandelt:
- Mitarbeiterstorys
- Wie sieht eine Ausbildung bei Unternehmen X aus?
- Alltag eines Lehrlings bei Unternehmen X
- Bewerbungstipps
- Interview mit der Geschäftsführung
- Kinderbetreuung im Unternehmen für Mütter
- Flexible Arbeitszeiten

Achtung: Kommunizieren Sie niemals Inhalte, die nicht der Wahrheit entsprechen.

Kernthema kommunizieren
Mit dem Einsatz von Social Media Marketing kann ein gewünschtes Kernthema zeitnah an eine große Leserschaft kommuniziert werden. Somit können sich Unternehmen als Meinungsführer für spezielle Themen etablieren.

Beispiel

Unternehmen X ist es gelungen, einen neuen Baustoff für den Wandaufbau bei Häusern zu entwickeln. Mit diesem Baustoff können Energiekosten auf ein Minimum reduziert werden. Ziel ist es nun, sich durch den Einsatz von Social Media als Marktführer für „Grünes Bauen" sowie „Energiesparen" zu positionieren. Die Postings auf Blog und Facebook-Seite thematisieren allgemeine Energiespartipps, Erfahrungsberichte, Studien sowie die Vorteile des Baustoffs. Innerhalb kürzester Zeit haben sich Interessenten zum passenden Thema auf der Facebook-Seite gesammelt und tauschen persönliche Erfahrungen untereinander aus. Intensiver Austausch mit der Community sowie regelmäßige Vermittlung der Kernkompetenzen in Form von Inhalten haben Unternehmen X als Meinungsführer im Bereich „Grünes Wohnen/Bauen" gefestigt.

Produkterweiterung/Marktforschung
Forschungsabteilungen arbeiten täglich an neuen Entwicklungen, um bestehende Produkte zu verbessern oder neue zu entwickeln, um gegenüber den Mitbewerbern eine Nasenlänge voraus zu sein. Soziale Netzwerke können in diesen Prozessen unterstützen. Durch den regelmäßigen Dialog mit der Community können Kundenwünsche und Erwartungen früh erkannt werden. Unternehmen erhalten somit eine kostengünstige Möglichkeit der Marktforschung an die Hand. Die User im Web 2.0 haben Spaß am Mitmachen. Nutzen Sie das! Binden Sie Ihre Community in die Prozesse von neuen Entwicklungen oder Ideen ein. Jeder Unternehmer kennt es: Über die Jahre hinweg entwickelt sich eine Art Betriebsblindheit. Das eigentliche Bedürfnis der Kunden wird kaum bis gar nicht mehr wahrgenommen.

Eine aktuelle Studie von BVDW zeigt, welche Gründe für Unternehmen wichtig sind, wenn es um den Einsatz von Social Media geht (Statista 2015b). Befragt wurden 407 Unternehmen in Deutschland im Zeitraum vom 12.12.2013 bis 08.01.2014 (vgl. ⊙ Abb. 2.10).

Achtung: Eine sofortige Umsatzsteigerung um 300 % durch den Einsatz von Social Media ist *kein* Ziel! Eine Social-Media-Strategie verfolgt langfristige Ziele. Wenn Sie auf der

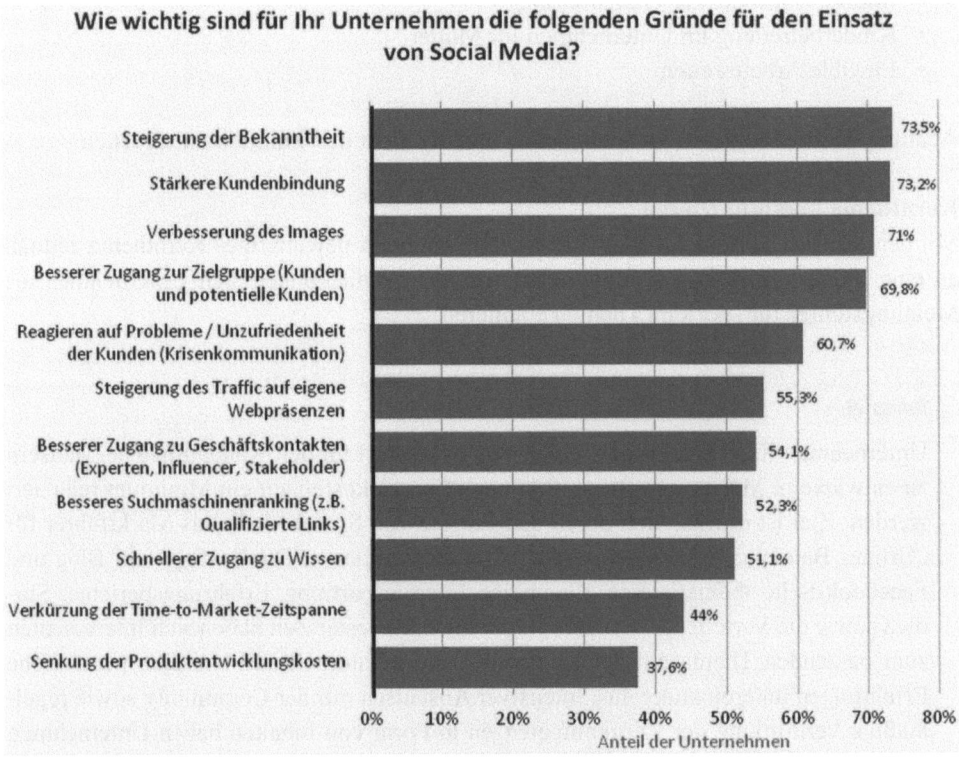

Abb. 2.10 Wichtigste Gründe für den Einsatz von Social Media

Suche nach einem Instrument sind, mit dem Sie den „Startknopf" drücken und sofort mehr Umsatz generieren möchten, ist Social Media das falsche Marketinginstrument für Sie.

Eine hohe Fanzahl sollte kein Ziel sei!
Entfernen Sie sich von der Denkweise, eine hohe hohe Fanzahl anstreben zu müssen. Eine hohe Fanzahl sollte nicht als primäres Ziel Ihrer Social-Media-Aktivitäten gesetzt werden. Stellen Sie die Interaktion in den Vordergrund. Was bringen Ihnen 35.000 Fans, wenn Sie diese Community anschließend nicht in die Markenkommunikation einbinden? Nichts. Nutzen Sie alle Vorteile, die Ihnen die moderne Technologie bietet und starten Sie den Dialog mit den Kunden. Natürlich kann eine hohe Fanzahl als Erfolgskennzahl einer Social-Media-Präsenz herangezogen werden, aber wie bereits anfangs erwähnt, als sekundäres Erfolgsziel.

> **Beispiel**
>
> Ausgangssituation 1: Unternehmen A betreibt seit Jahresbeginn eine Facebook-Seite. Diese wurde regelmäßig von den Mitarbeitern geteilt und konnte somit 3500 Fans generieren. Die Interaktion der Seite liegt gänzlich bei Null. Grund dafür: Die bestehenden Fans haben null Interesse an den Themen des Unternehmens. „Ladet alle Freunde zu unserer Seite ein" – diese oder ähnliche Aufforderungen führen zum Dilemma.
>
> Ausgangssituation 2: Unternehmen B betreibt ebenso seit Jahresbeginn eine Facebook-Seite. Durch internes Brainstorming wurde eine Wunschzielgruppe definiert sowie Themen generiert, welche sich an den Bedürfnissen/Fragen/Anliegen der zukünftigen Kunden orientieren. Um die gewünschten Kunden gezielt auf die Seite des Unternehmens zu lotsen, wurde auf Facebook-Werbeanzeigen gesetzt (der große Vorteil von Werbeanzeigen auf Facebook wird in einem späteren Kapitel ▶ Abschn. 2.4.4 genauer erklärt). 500 Fans wurden in wenigen Wochen aufgebaut. Die Interaktion auf der Seite ist sehr hoch. Die User kommentieren Beiträge und klicken den „Gefällt mir"-Button, wodurch Reichweite generiert wird. Das Unternehmen ist ständig in Kontakt mit der Community und nutzt das Feedback, um bisherige Produkte zu verbessern.

Welche Seite nun erfolgreicher ist, sollte klar sein und dieses Beispiel zeigt, dass die Anzahl der Fans nichts über den Erfolg einer Seite aussagt.

2.3.3 Erfolgsbeispiele Social Media

Wer zuhört, gewinnt! – das zeigen Beispiele wie die Kampagne von Rittersport, welche im ▶ Abschn. 2.2 beschrieben wurde. Ein weiteres Beispiel, das große Erfolge feiern durfte, ist die Kampagne von McDonald's (Razorfish 2015). Zum 40-jährigen Bestehen in Deutschland wollte sich McDonalds 2011 etwas Besonderes einfallen lassen, um sich bei den Fans für die lange Treue zu bedanken. McDonald's gab den Fans die Möglichkeit, ihren eigenen Wunsch-Burger zu erstellen, welcher anschließend deutschlandweit in den Restaurants zu haben war. Die Fans konnten online aus über 70 verschiedenen Zutaten ihren persönlichen Wunsch-Burger zusammenstellen und diesen anschließend nach ihren Wünschen benennen. Anschließend mussten die kreativen Ersteller für ihren Burger werben und Stimmen sammeln, was zu einer enormen Viralität der Kampagne führte, denn nur die zehn Burger mit den meisten Stimmen kamen in die Testküche von McDonald's. Eine Jury entschied in der Endphase, welche Burger nun in die Filialen kommen. Das Event wurde per Video übertragen, sodass jeder daran teilhaben konnte. Die fünf besten Burger kamen deutschlandweit in die Restaurants und die Erfinder freuten sich über die große PR im nationalen TV und Radio.

2.3.3.1 Fertighaushersteller – Wie man das Web als unermüdlichen Außendienstmitarbeiter nutzen kann!

Eine durchdachte Online-Strategie hat einem österreichischen Fertighaus-Produzenten geholfen, neue Kaufinteressenten zu finden, die Preisstruktur der hochwertigen Produkte besser zu argumentieren sowie die Nachfrage nach den Häusern signifikant zu erhöhen. So wurde innerhalb eines Monats die Downloadzahl der wichtigsten Verkaufsunterstützung versechsfacht.

Der Sales-Prozess hat sich gerade bei informationsintensiven Produkten dramatisch geändert. Die Konsumenten informieren sich vor größeren Anschaffungen intensiv im Internet, bevor sie eine persönliche Kaufberatung anstreben: 62 % verwenden Suchmaschinen oder Social-Media-Portale, um mehr über Produkte zu erfahren, 60 % suchen aktiv nach Hersteller-Webseiten und 20 % setzen auf die Kommentare auf Bewertungsportalen.

Der traditionelle Vertrieb, der auf klassische Strategien setzt, hat also längst ausgedient. Ein österreichischer Fertighaus-Produzent hat die Zeichen der Zeit erkannt und setzt auf unterschiedlicher Onlinekanäle um sich den Konsumverhalten seiner Kunden anzupassen.

Probleme des Vertriebs erkennen
Um die Online-Strategie punktgenau realisieren zu können, wurden die primären Vertriebsprobleme analysiert:

- Klischee: Allgemein wird die Branche der Fertighäuser von den Interessenten (zu Unrecht) als „Haus von der Stange" gesehen. Dass auch individuell geplante Einheiten möglich sind, ist noch zu wenig ins Bewusstsein gerückt.
- Preis: Durch die hochwertige Qualität des Bauens beim von *Performance Marketing* unterstützen Fertighausproduzenten ist er auch im hochpreisigen Segment angesiedelt. Das führte zu ständigen Argumentationsmarathons bei Interessenten.
- Lange Anbahnungsgespräche: Da ein Fertighaus ein informationsintensives Produkt ist, musste der Vertrieb stets lange persönliche Gespräche mit den immer gleichen Themen führen, um zu einem Verkaufsabschluss zu kommen.
- Zu geringe Reichweite: Der Fertighausproduzent hatte noch zu wenig Markenbekanntheit, um ungestützt im Bewusstsein der Interessenten auftauchen zu können.

Social Media hilft dem Vertrieb
Die Strategie lautete also, den Kunden schon im Vorfeld viele Fragen, die beim Bauen eines Fertighauses auftreten, zu beantworten. Damit werden einerseits echte Interessenten schon bei ihrer eigenen Recherche unterstützt, die Nachfrage via Suchmaschinen erhöht und schließlich auch „nicht passende" Interessenten, die sich beispielsweise ausschließlich über den Preis definieren, ausgefiltert.

Es wurde ein eigener Blog auf der Fertighaus-Website eingerichtet, der regelmäßig über die Produkte aber auch über allgemeine Wohnthemen berichtet. Die Themenliste wurde mit der Geschäftsführung und dem Vertrieb gemeinsam erstellt. Dazu wurden Online-Redakteure gebucht, die diese Themen in griffige Postings verwandelten.

Die Facebook-Seite wurde mit den neuen Themen ebenfalls aufgewertet. Dazu wurde eine eigene Facebook-Landingpage aufgesetzt, bei der man mit einem „Like" eine Gratis-Hausplanung gewinnen konnte. Dazu wurde eine Kombination aus Google-Adwords, Facebook-Inseraten und „empfohlenen Beiträgen" gewählt, die die Reichweite bei „echten" Interessenten massiv erhöhte. So erreichte die Facebook-Page innerhalb kürzester Zeit über 3000 hochqualitative Fans.

Aktive Community führt zu echtem Kaufinteresse
Die Qualität der neuen Interessenten des Fertighaus-Produzenten erkennt man beispielsweise daran, dass die Community aktiv ist. Rege Diskussionen im Blog oder auf Facebook führen zu neuem Content und dadurch auch zu neuen Suchinhalten. Ein Neukunde hat sogar einen eigenen Blog eingerichtet, auf dem er wöchentlich über seine Erfahrungen beim Hausbau mit dem Fertighaus-Produzenten berichtet. So eine freiwillige Kunden-Aktivität hat einen unschätzbaren Imagewert und schafft Vertrauen bei weiteren Interessenten. Das ist mit Gold nicht aufzuwiegen.

Neukunden-Akquise gesteigert, Vertriebsaufwand verringert
Mit einer modernen Online-Strategie konnte der Vertriebsaufwand massiv verringert werden. Gleichzeitig haben sich die qualitativen Interessenten signifikant erhöht. Diskussionen über die Preisgestaltung wurden verringert, da viele Kunden die Qualitätsunterschiede zu herkömmlichen Produzenten bereits im Web recherchiert haben. Die Reichweite hat überproportional zugenommen, die Verweildauer auf der Homepage hat sich exponentiell erhöht. Auch der Konvertierungswert ist sensationell: Innerhalb eines Monats konnte die Downloadzahl des wichtigsten Vertriebsinstrumentes, des Häuserkatalogs, von 50 auf imposante 300 pro Monat gesteigert werden.

Alles in allem: Die punktgenaue Online-Strategie hat die Vertriebsherausforderungen des Fertighaus-Produzenten bewältigt. Der Vertriebsaufwand wurde verringert, während sich die qualitativen Kundenanfragen gesteigert haben.

2.3.3.2 Resch und Frisch im Social Web
Resch&Frisch hat sich im Jahr 2012 entschieden, in Social Media aktiv zu werden. Resch&Frisch ist ein österreichisches Unternehmen, das 1924 in Oberösterreich von der

Familie Resch gegründet wurde. Das international tätige Unternehmen betreibt Bäckerei-, Konditorei- und Café-Filialen und beliefert private Haushalte mit vorgebackenen Backwaren unter dem Namen „Back's Zuhause" (Wikipedia 2015a). Resch&Frisch war in seiner Branche bei weitem nicht das erste Unternehmen, das sich den sozialen Medien annahm, man hatte auch selbst bereits im Jahr 2011 einen ersten Versuch auf Facebook gewagt. Als Resch&Frisch eine Werbeagentur kontaktierte, gab es bereits eine längere Recherche- und Überlegungsphase über die möglichen Wege und Ziele für das Unternehmen. Gerade bei Resch&Frisch mit seinen verschiedenen Geschäftsfeldern Einzelhandel (Filialen), Gastronomie und Tiefkühlgebäck-Lieferservice müssen die einzelnen Zielgruppen mit unterschiedlichen Themen und Inhalten angesprochen und aktiviert werden. Die Wünsche umfassten eine crossmediale Kommunikation, die Verbindung der Offline- mit der Online-Welt, und eine höhere Aufmerksamkeit und Reichweite für die Kompetenzen des Unternehmens. Resch&Frisch kennt so gut wie jeder in Österreich, aber viele sind nicht informiert über das vielseitige Angebot und z. B. über die Kompetenz im Bereich der Ernährungswissenschaften, Rohstoffqualität und Lebensmittelunverträglichkeiten, die das Unternehmen inhouse besitzt.

In der Vergangenheit gab es bereits etliche Überlegungen, wie man den direkten Kundenkontakt auch über Onlinekanäle forcieren und langfristig etablieren könnte. Mit Facebook und Blog hat man die richtigen Tools zur Verfügung.

Im ersten Schritt entwickelten wir eine Facebook-Strategie für das gesamte Unternehmen: Einerseits sollten die Filialkunden über spezielle Aktionen und Neuigkeiten informiert werden, andererseits die Kunden des Tiefkühlkomplettservice. Hier ging es auch darum, die Zufriedenheit der Kunden sichtbarer zu machen und damit die Vorteile eines solchen Systems authentisch zu vermitteln. Weiterhin werden auch bestehende Gastronomiekunden mit ins Boot geholt (z. B. mit der Verlosung von Preisen, die von Gastro-Kunden zur Verfügung gestellt werden), um zu zeigen, wie gut die Produkte in diesem Bereich etabliert sind und so neue Gastronomiekunden auf sich aufmerksam zu machen.

Zielsetzungen:

- Plattform für direkten Austausch und dauerhaften Dialog bieten
- Zufriedenheit der Kunden authentisch kommunizieren und sichtbar machen lassen (durch die Kunden) und damit neue Kunden überzeugen
- Partnerschaftlichen Nutzen für und mit Gastronomiekunden schaffen durch gemeinsame Aktionen
- Community für Produktinnovation/-weiterentwicklung gewinnen
- Community auf neue Produkte hinweisen, Feedback einholen
- Traffic auf andere Plattformen (Blog, Online-Shop) bringen

Neben den klassischen Gewinnspielen, bei denen man neben den eigenen Produkten auch partnerschaftlich das Potenzial der Gastronomiekunden nutzte (Hotel- und Gastro-Betriebe, die Resch&Frisch-Kunden sind), zieht Resch&Frisch jetzt einen aus meiner Sicht be-

Abb. 2.11 Resch&Frisch im Social Web, Quelle: www.viermalvier.at

sonders wertvollen Nutzen aus Social Media: das direkte Feedback von Kunden einzuholen und sich bei der Produktentwicklung und -vorstellung gemeinsam weiterzuentwickeln. Zu diesem Zweck hat Resch&Frisch bereits Produkttester gesucht (vgl. ⊙ Abb. 2.11): Dabei ging es „nur" um den Test von einem neuen Produkt speziell für Sportler, dem Sportweckerl. Über Facebook und alle anderen Kanäle (Newsletter, Blog, Website, Kundenbroschüren) wurden Tester gesucht, die dieses Produkt dann verkosteten und im Anschluss einen Fragebogen ausfüllten, um Feedback zu geben. Sage und schreibe über 2200 Tester bewarben sich, und das bei so einem „einfachen" Produkt. Das zeigt, dass die Kunden Lust haben mitzuwirken, als Erste dabei zu sein und Feedback zu geben. Diesen Exklusivitätsfaktor versucht Resch&Frisch auf verschiedene Arten auf Facebook herzustellen.

Außerdem haben wir bereits mehrfach die Fans auch zu Themen wie „Produktsortiment", „Kataloginhalten" usw. befragt, mit extrem viel Feedback seitens der Fans (vgl. ⊙ Abb. 2.12).

Es gibt einen Redaktions- und Kampagnenplan, der alle Medien und Kanäle beinhaltet und berücksichtigt und miteinander verbindet.

Abb. 2.12 Schnittige Abstimmung auf Facebook. (Quelle: www.viermalvier.at)

Nach der erfolgreichen Etablierung des Facebook-Auftrittes gingen wir den nächsten Schritt mit dem Resch&Frisch-Blog. Bei der Konzeption des Blogs ging es darum, welche Themenwelten Resch&Frisch stärker kommunizieren und visualisieren und vor allem auf Google findbar machen möchte. Darauf aufbauend wurde ein Themenplan, ein kleines Keywordkonzept und die Struktur des Blogs erarbeitet. Mittlerweile hat sich der Blog ganz gut etabliert, die Blogbeiträge werden auf Facebook und in den Newslettern angeteasert, und ein Großteil der Blogbesucher kommt über die Google-Suche auf den Blog. Gerade im Long Tail können die speziellen Zielgruppen auf Resch&Frisch und deren Produkte z. B. für Menschen mit Lebensmittelunverträglichkeiten aufmerksam gemacht werden. Manche Blogbeiträge werden auf Google schon extrem gut gerankt (vgl. ⊙ Abb. 2.13).

Die crossmediale Verbindung ist ein wesentliches Element: Katalog, Website, Newsletter, Blog und Facebook werden immer stärker miteinander verbunden, genauso auch die Offline- mit der Online-Welt. Dabei rücken die Filialen und deren Kunden stärker in den Vordergrund: So gibt es Informationen über das Online-Angebot in jeder Filiale und künftig auch ortsgebundene Angebote für Smartphone-Nutzer.

2.3 Social-Media-Strategie – So erreichen Sie Ihre zukünftigen Kunden

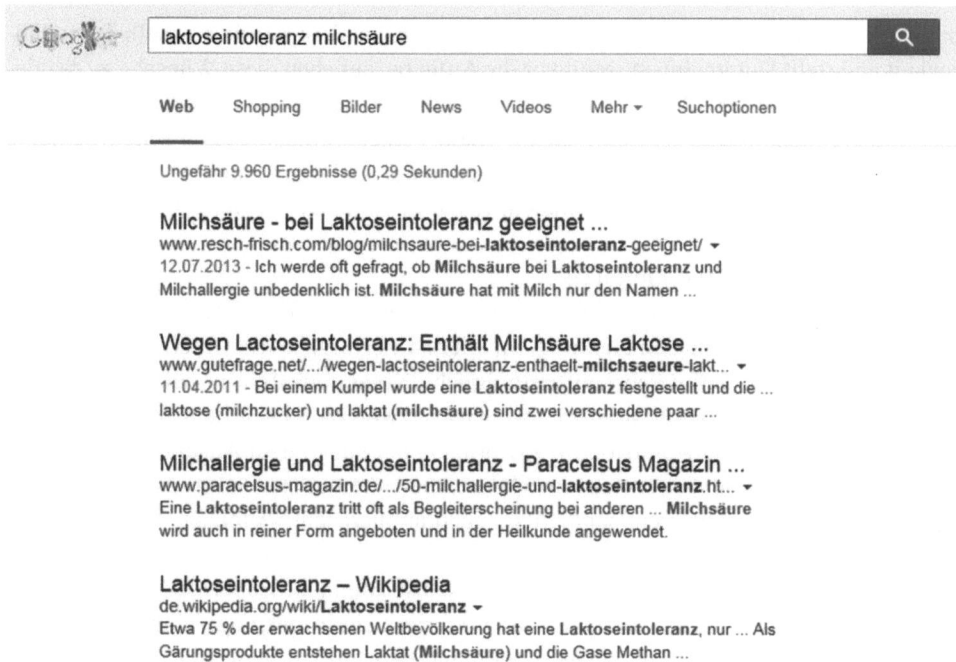

Abb. 2.13 Beispiel Google-Suche. (Quelle: www.viermalvier.at)

2.3.4 Die Erforschung der eigenen Kunden – Zuhören, Lernen, Umsetzen

Der Kunde ist König, ein Leitsatz, der in der heutigen Welt nur noch bedingt Anwendung findet und so auch nicht mehr stimmt. Kunden von heute sind anspruchsvoll, wollen mitreden und entscheiden und das Ganze auch noch in Ihrem Unternehmen, zu Ihren Produkten oder Dienstleistungen. Erfolgreiche Unternehmen wissen bereits heute: Wer Kunden erreichen will, muss zuhören können und bereit, willens und in der Lage sein, aus der Meinung der Kunden seine Vorteile zu ziehen.

Der Kunde von heute ist der Macher
Kunden von heute haben genaue Vorstellungen von den Produkten oder der Dienstleistung, die sie erwerben wollen. Sie wollen mitgestalten und kommunizieren, das ist auch ganz klar.

Erinnern wir uns an alte Zeiten, als unsere Eltern und Großeltern, wenn sie ein speziell angefertigtes Produkt oder eine maßgeschneiderte Dienstleistung haben wollten, noch zum Handwerker ihres Vertrauens gegangen sind. Dort haben sie dann gemeinsam mit den Handwerkern oder Dienstleistern über ihre Wünsche geredet, Machbarkeit analysiert und die Umsetzung beschlossen. Nicht zuletzt wurde aber auch der Preis verhandelt. Dieses Verhalten, das vielleicht damals noch als elitär oder besonders galt, hat die moderne Generation übernommen. Der Wunsch nach Produkten, die den Kundenwünschen entsprechen, ist aber keineswegs mehr elitär oder eine Ausnahme, sondern wurde zur Selbstverständlichkeit und stellt Unternehmen somit vor die Aufgabe, auf eben diese Wünsche zu reagieren. Unternehmen, die nicht in der Lage sind die Signale der Kunden zu erkennen, werden über mittlere Sicht hinaus ganz einfach am Markt vorbei produzieren und zukünftig keine Käufer mehr finden. Wie aber lassen sich Signale der Zielgruppe und der Kunden erforschen und welche Voraussetzungen braucht es dafür, vor allem im Bereich Social Media?

Animieren, mitreden und hinhören
Die Kunden von heute kommunizieren nicht mehr nur mit den Unternehmen, sondern auch untereinander in sozialen Netzwerken. Hier ist es Aufgabe des Unternehmens, seine Zielgruppe genau zu definieren, um bestmögliche Kommunikation in beide Richtungen gestalten zu können. Communities in sozialen Netzwerken dienen dem Austausch zwischen Unternehmen und Kunden bzw. Zielgruppe, aber auch dem Austausch der Nutzer untereinander. An dieser Stelle müssen erfolgreiche Unternehmen ansetzen und Kommunikation nicht nur provozieren, sondern sie auch aufmerksam verfolgen. Nicht nur Antworten geben, sondern auch herausfinden, warum bestimmte Fragen gestellt werden und welche Antworten aus der Zielgruppe heraus selbst kommen. Dabei ist für die Verantwortlichen im Social Media besonders wichtig, dass sie in der Lage sind, im direkten Umgang mit den Kunden ihre Business-Stellung zeitweise zu vergessen, um die Sichtweise der Kunden besser verstehen zu können. Aus den altbekannten Marketingbegriffen B2B (Unternehmen zu Unternehmen), B2C (Unternehmen zu Kunde) wird in der sozialen Community ein P2P (Person zu Person) und ermöglicht so völlig neue Möglichkeiten der Informationsbeschaffung für Unternehmen.

Informationen sind nur dann gut, wenn man sie verwertet
Die Pflege von Blogs, das Lesen von Kommentaren, die Kommunikation in den Sozialen Netzwerken, der Aufbau von Communities und die tägliche Kommunikation ergeben nur dann einen Sinn, wenn Sie als Unternehmen auch bereit sind, die von den Nutzern gewonnenen Informationen zu filtern, zu verstehen und für Ihren Erfolg einzusetzen. Das alles setzt die Bereitschaft von der Zielgruppe zu lernen voraus. Informationen und Hinweise müssen im Unternehmen an den richtigen Ansprechpartner beziehungsweise die jeweiligen Verantwortlichen weitergeleitet werden und dort natürlich auch berücksichtigt werden.

Unternehmen, die die Kunst beherrschen, richtig hinzuhören, Kundenmeinungen erfolgreich zu interpretieren und Erkenntnisse daraus bedarfsspezifisch umzusetzen, werden in der Lage sein, ihrer Zielgruppe künftig das perfekt auf eben sie zugeschnittene Produkt anbieten zu können.

2.3.5 Zuständig für Social Media Marketing ist nicht nur die Marketing-Abteilung

Die Aufgaben des Social Media Marketing gestalten sich vielschichtig. Via Social Media bringen Unternehmen Informationen an Kunden und Interessenten und generieren aus der Interaktion mit eben diesen Usern Erkenntnisse, Anregungen und Informationen, die es gilt, über einen strukturierten Kanal an die entsprechenden Ansprechpartner im Unternehmen weiterzuleiten. Dies ist eine Aufgabe, die nicht nur von der Marketingabteilung allein zu leisten ist. Die Zeiten, in denen Nutzer im Internet ausschließlich auf der Suche nach Unterhaltung waren, sind vorbei. Für Unternehmen heißt dies, dass Social Media Marketing nicht auf das Führen seichter Unterhaltungen auf sozialen Plattformen, das Posten von Bildern oder das Erstellen und Durchführen von Gewinnspielen und Verlosungen im Netz beschränkt sein darf. Der User sucht nach Informationen, die ihm bei einer Entscheidung helfen können.

Für welche Unternehmensbereiche interessieren sich die Menschen?
Social Media Marketing ist grundsätzlich als etwas Ganzheitliches zu betrachten. Es geht immer um das Unternehmen als komplexe Einheit. Eben deshalb ist es wichtig, dass für Social Media Marketing auch eine komplexe Strategie gefahren werden muss. Mit dem Marketing in sozialen Medien erreichen wir nicht nur Käufer und Kunden, sondern auch Businesspartner, Investoren, Fachkräfte, aber auch Mitarbeiter, die bereits im Unternehmen tätig sind. All diese User nutzen Informationen, bewerten sie und verbreiten sie bestenfalls auch weiter. Damit Sie als Unternehmen aktuelle Informationen aus allen relevanten Bereichen über Ihre Social-Media-Kanäle weiterleiten können, ist es deshalb notwendig, die Mitarbeiter dieser Bereiche für das Thema Social Media Marketing zu sensibilisieren. Denn sie sind es, die letztendlich brandaktuelle Neuigkeiten, Probleme und Veränderungen auf bestimmten Gebieten an die Marketingabteilung weiterleiten müssen.

Nehmen wir als Beispiel die Verzögerung bei der Einführung eines neuen Produkts. Hier hat die Unternehmensführung in den meisten Fällen die Marketingabteilung im Voraus über den Termin der Markteinführung informiert. Kunden und Interessenten werden mittels Kampagnen über einen längeren Zeitraum auf den Termin eingestimmt. Zwei Tage vor dem Termin zeichnet sich aber nun ein Streik im Logistikunternehmen ab, welches das Produkt in den Handel bringen soll. Der Termin der Produkteinführung droht zu platzen. An dieser Stelle ist es besonders wichtig, dass nicht nur die Verzögerung, sondern auch eventuelle Gründe schnellstmöglich innerhalb des Unternehmens auch bis in die Marketingabteilung kommuniziert werden. Hier kann man dann darüber entscheiden, ob und in welcher Weise die wartenden Kunden mit Antworten versorgt werden.

Ein wichtiger Punkt, der leider oft vergessen wird, ist, dass Social Media Marketing nicht nur ausschließlich für die Menschen außerhalb des Unternehmens betrieben werden sollte. Es kann ebenfalls ein effektives Mittel bei der Mitarbeiterführung darstellen. Viele Arbeitskräfte interessieren sich heute für das soziale oder umweltpolitische Engagement ihrer Arbeitgeber. Es fällt ihnen leichter sich mit dem Unternehmen zu identifizieren, wenn die Kernaussagen der Unternehmenspolitik mit ihren eigenen übereinstimmen. So erreicht das Unternehmen, dass Mitarbeiter nicht nur gern in die Firma kommen, sondern dass sie diese auch nach außen hin gern vertreten und für „ihr Unternehmen" einstehen. Nicht umsonst benennen wir auch heute noch unsere Mitarbeiter als das wichtigste Kapital eines jeden Unternehmens.

Unternehmensbereiche als Informationsquellen mit Zuverlässigkeit
Zuarbeiten zu den verschiedenen Themengebieten müssen fachlich und vor allem inhaltlich korrekt sein, damit der zuständige Mitarbeiter innerhalb der Marketingabteilung diese für die verschiedenen Bereiche des Social Media Marketing nutzen kann. Deshalb ist es entscheidend, dass sich alle Unternehmensbereiche bewusst sind, welche Informationen für die Zielgruppen relevant sein können, um diese dann in die Marketingabteilung weiterzuleiten

2.3.6 Social Media Guidelines – die Hilfestellung für Mitarbeiter

Soziale Medien umgeben mittlerweile nicht nur Privatpersonen, sondern auch Unternehmen, die damit versuchen, neue Zielgruppen zu erreichen und bereits vorhandene Zielgruppen zu festigen. Soziale Medien bieten Unternehmen die Möglichkeit, direkt mit einer Zielgruppe, also dem Kunden in Kontakt zu treten. Am Arbeitsplatz und in Unternehmen nimmt der Umgang mit sozialen Medien immer mehr zu. Das führt grundsätzlich zu einer Veränderung der Unternehmenskommunikation.

Was zählt zu sozialen Medien?
Im Idealfall nutzen bereits viele Mitarbeiter eines Unternehmens soziale Medien. Es werden Statusmeldungen geteilt, Fotos hochgeladen oder einfach mit Freunden gechattet. Im Zentrum der sozialen Medien, so wie viele sie kennen, steht der Dialog untereinander. Für Unternehmen kann diese Nutzung aber zu Problemen führen.

Kern des Problems sind die Verhaltensweisen, die jeder Mitarbeiter in einem Unternehmen, in Bezug auf die Internetnutzung und die Nutzung von sozialen Medien, bedenken sollte. Denn schnell sind unliebsame Äußerungen im Internet gepostet und machen die Runde. Eine Runde, die unternehmensschädlich wirken kann, wenn sensible Informationen oder politisch inkorrekte Inhalte geteilt werden.

So kann beispielsweise ein Apple-Mitarbeiter ein Bild des neuen iPhones posten, um sich bei seinen Freunden zu profilieren, oder ein Mitarbeiter einer anderen Firma fällt durch einen rechtsradikalen Kommentar auf. Diese Aussage ist zwar lediglich seine persönliche Meinung, aber sie fällt oftmals auf den Arbeitgeber zurück. Dies ist natürlich nur der Fall, wenn die Person bei Facebook angegeben hat dort zu arbeiten, aber BMW möchte beispielsweise sicherlich nicht damit in Verbindung gebracht werden und vertritt einen anderen Standpunkt.

Spricht ein Mitarbeiter, direkt oder indirekt, im Namen des Unternehmens, ist es besonders wichtig, die richtigen Worte zu finden. Vor allem, wenn es dabei um eine Kommunikation über soziale Medien geht. Unternehmen haben nun die Möglichkeit, die Social Media Guideline zu Hilfe zu nehmen.

Mit der Social Media Guideline können Unternehmen Richtlinien für Mitarbeiter im Umgang mit den sozialen Medien festlegen. Dabei wird festgehalten, welche Inhalte ein Mitarbeiter im Namen des Unternehmens in sozialen Medien veröffentlichen darf und welche unerwünscht sind.

Egal, ob ein Unternehmen soziale Medien als Kommunikationsweg nutzt oder nicht, Richtlinien für die allgemeine Internetnutzung sollten aufgestellt werden. Social Media Guidelines sichern eine erfolgreiche und erfolgsorientierte Kommunikation mit dem Kunden über die Sozialen Medien. Zusätzlich sichern Guidelines Unternehmen vor schlechter Reputation aus dem eigenen Haus.

Worauf sollte man bei der Nutzung achten?
Wer sich dafür entscheidet, die Social Media Guidelines im Unternehmen einzusetzen, sollte bei der Festlegung der Richtlinien an den arbeitsrechtlichen Hintergrund denken. Dieser ist mit der wichtigste Punkt für ein Unternehmen. Hinzu kommen noch andere Punkte, die als Unternehmen berücksichtigt werden sollten. Nachfolgend möchten wir diese kurz anführen.

Zieldefinition und Strategie
Unternehmen, die Social Media Guidelines nutzen wollen, sollten die Richtlinien als Definition der eigenen Ziele und der Durchsetzung der Firmenstrategie nutzen. Die Richtlinien sollten die Firmenziele und die Strategie definieren. Hinzu kommt, die Verantwortlichkeit der Mitarbeiter festzulegen. Überzeugt ein Unternehmen besonders durch seine Umweltfreundlichkeit, sollte diese Botschaft von den Mitarbeitern über den Social-Media-Kanal der Firma, aber auch privat, in die Welt getragen werden.

Klare Abgrenzung zwischen beruflicher und privater Nutzung
Um den Mitarbeitern beim Umgang mit den Guidelines Hilfestellung zu geben ist es wichtig, den Umfang für die private Nutzung von sozialen Medien während der Arbeitszeit festzulegen. Sollten Unternehmen die private Nutzung nicht wünschen, sollte auch das in den Richtlinien vermerkt werden. Gerade bei der Nutzung am Arbeitsplatz kann schnell „aus Versehen" eine falsche Datei mit einer wichtigen Kundenliste im privaten Profil hochgeladen werden. Gerade am Arbeitsplatz sollte bei Dateiuploads doppelt geprüft werden, ob die richtige Datei angehängt wurde.

Die Eigenverantwortung mit einbauen
Grundsätzlich sind die Mitarbeiter eines Unternehmens selbst dafür verantwortlich, was sie im Internet veröffentlichen. Die Richtlinien Ihrer Software sollten so eingestellt werden, dass Mitarbeiter bei fraglichen Inhalten darauf hingewiesen werden. Wenn also ein Dokument in Facebook hochgeladen wird, erscheint ein Button „Wollen Sie dies wirklich machen? Denken Sie an die Sicherheit der Informationen" o.Ä.! Mitarbeiter sollten außerdem darauf aufmerksam gemacht werden, dass Inhalte im Netz lange vorhanden bleiben und nur selten gelöscht werden können.

Private Meinungen kenntlich machen
Die Richtlinien des Guidelines sollten von Unternehmen so verwendet werden, dass Mitarbeiter dazu aufgefordert werden, persönliche Meinung als diese zu kennzeichnen und in

extremen Fällen nicht in Facebook zu posten. Kann dies nach wiederholter Aufforderung nicht geändert werden, so ist „Verschleierung" des Arbeitgebers eine Option in Facebook & Co. Dadurch sehen andere Facebook-Nutzer zwar die potentiell unkorrekten Kommentare des Nutzers, aber nicht, dass er in der Bäckerei nebenan arbeitet. Dadurch wird der Ruf der Firma besser gewahrt, jedoch ist dies gerade bei regionalen Anbietern schwierig, da man oftmals weiß, wer wo arbeitet.

Unternehmensschädliche Aussagen
Kritische Aussagen können von Social Media Guidelines leider nicht vollständig abgewehrt werden, jedoch kann man darauf achten, dass Mitarbeiter in den Guidelines darauf hingewiesen werden, was gesetzlich grenzwertig ist. Auch Postings wie „Schon wieder Montag, ich habe keine Lust auf Arbeit" lässt die Firma in keinem guten Licht stehen. Auch ein Posting zu den nervigen Kunden erscheint wirtschaftlich sehr fragwürdig. Jeder hat Kunden, die er lieber mag und welche, die er nicht so freundlich findet. Das ist in Ordnung, aber hat nichts in Facebook zu suchen.

Mitarbeiter sollten bei der Nutzung von sozialen Medien immer an die richtige Nutzung und an die Folgen einer Falschmeldung oder einer negativen oder politisch inkorrekten Aussage für die Firma denken. Das gilt nicht nur für die berufliche Nutzung, sondern auch für die private.

2.3.7 Welches soziale Netzwerk passt zu meinem Unternehmen?

Social Media Marketing wird für Unternehmen immer bedeutsamer, es ist bei vielen Firmen ein Bestandteil der Marketing-Strategie geworden. Unternehmen und Marketing-Agenturen, die die Reichweite der Social-Media-Plattformen vernachlässigen, verlieren nicht nur potenzielle Kunden, sondern auch bereits gewonnene Kunden an Konkurrenten.

Um Produkte und Dienstleistungen des eigenen Unternehmens für Kunden attraktiv zu machen, ist es wichtig auf den bekannten Social-Media-Plattformen präsent zu sein. Als Unternehmen hat man im Social-Media-Bereich zahlreiche Möglichkeiten und Ziele, die man für das eigene Unternehmen und seine Kunden verfolgen kann (vgl. ⊙ Abb. 2.14). Neben Facebook und Twitter – den bekanntesten Plattformen – gibt es noch weitere, die sich für zahlreiche Unternehmen als hilfreich erwiesen haben. An dieser Stelle wollen wir einen Überblick über diese Plattformen geben.

Twitter
Twitter ist weltweit ähnlich bekannt wie Facebook, jedoch zählt es wie bereits gesagt zum Bereich Micro-Blogging und wird in Europa nicht so aktiv gelebt wie in einigen anderen Teilen der Welt. Die Kommunikation über Twitter erfolgt über sogenannte Tweets, die ein angemeldeter Nutzer setzen kann.

Unternehmen haben mit Twitter die Möglichkeit in Echtzeit mit den Kunden oder potenziellen Kunden in Kontakt zu treten. Nutzer haben die Möglichkeit sich unterein-

2.3 Social-Media-Strategie – So erreichen Sie Ihre zukünftigen Kunden

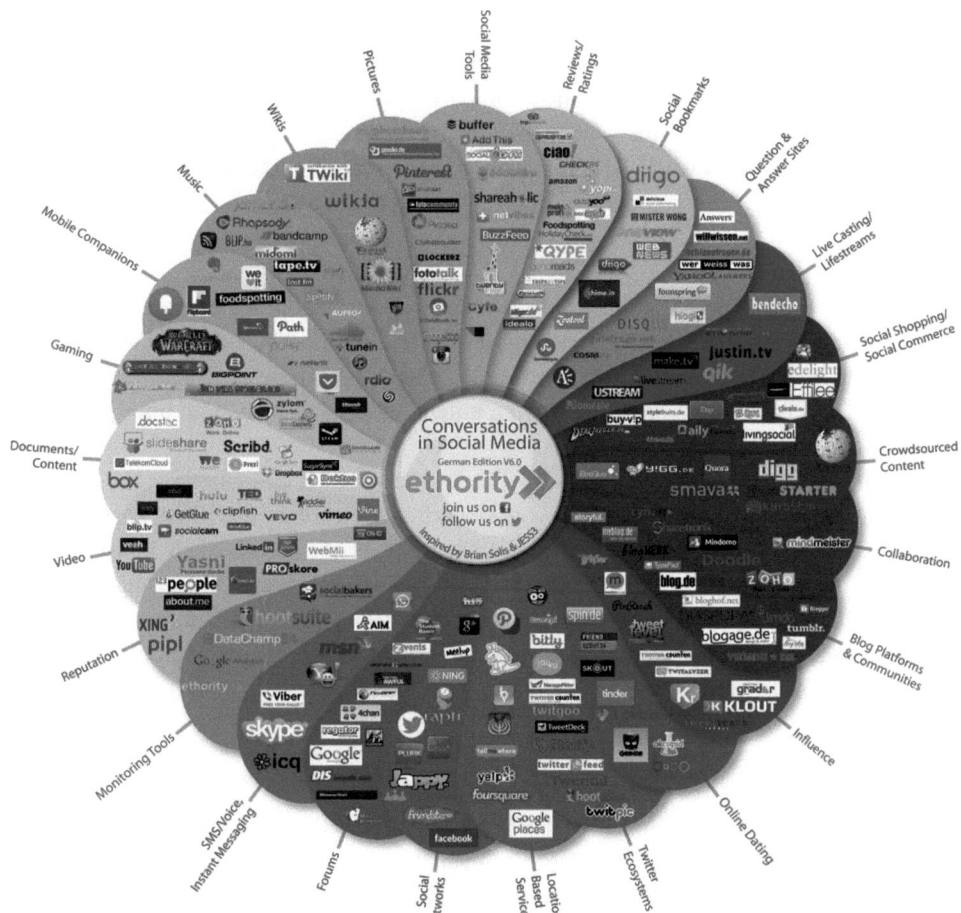

Abb. 2.14 Das Social-Media-Prisma. (Quelle: www.ethority.de)

ander zu folgen und bekommen so die neuesten Aussagen und Tweets der Nutzer mit. Unternehmen können mit Twitter die Kunden über Produkte und Neuerungen auf dem Laufenden halten. Das Portal zeichnet sich durch relativ kurze Nachrichten aus, da die Zeichenanzahl eines Tweets auf 140 Zeichen beschränkt ist. Mit Twitter lassen sich konkrete Nutzergruppen und Zielgruppen mit ähnlich gelagerten Interessen ansprechen

Video Sharing
Das Video Sharing hat sich in den letzten Jahren nicht nur bei Privatpersonen etabliert, sondern auch Unternehmen haben das Potenzial entdeckt und nutzen diese Möglichkeiten zu Marketing-Zwecken. Bei Video Sharing geht es darum, Videos eines Produktes, einer Dienstleistung oder eines anderen Themas auf eine Plattform, wie beispielsweise YouTube, hochzuladen und zu teilen. Um diese Funktion durchführen zu können, benötigt man ein Profil auf der jeweiligen Plattform.

YouTube
Mehr als 60 % aller Deutschen nutzen laut Umfragen YouTube als Informations- und Unterhaltungsportal. Eine Zahl, die Unternehmen auf keinen Fall vernachlässigen sollten. Durch das Hochladen von Videos über das Unternehmen oder das Produkt können Unternehmen ihren Kundenzuwachs erhöhen. Durch zielgesetzte Werbung über YouTube können Kunden auf Ihr Unternehmen aufmerksam werden.

Foto Sharing
Foto Sharing funktioniert ähnlich wie Video Sharing. Als Marketing-Strategie hat es sich jedoch bei einigen Firmen und Kunden durchgesetzt. Portale, die sich auf das Foto Sharing beziehen, erlauben es Nutzern Fotos hochzuladen und diese zu teilen. Beispiele für Social-Media-Plattformen, die Foto Sharing unterstützen, sind Instagram und Flickr.

Instagram
Kommen wir nun noch zu Instagram, was sicherlich vielen ein Begriff ist. Instagram ist eine kostenfreie Foto-Sharing-App. Dabei haben Nutzer die Möglichkeit Fotos hochzuladen und diese über das Internet zu verbreiten. Unternehmen haben mit Instagram so die Möglichkeit, Produktfotos oder andere unternehmensbezogene Aufnahmen der Öffentlichkeit schnell und einfach mitzuteilen. Gerade für Unternehmen mit optisch ansprechendem Bildmaterial (Modedesigner, Automobilhersteller) bietet das Portal eine sehr gute Basis.

Wikis
Wikis sind eine weitere Form der Social-Media-Marketing-Strategien. Wikis sind grundsätzlich Wissenschaftsportale, auf denen Nutzer ihr Wissen mit anderen Nutzern teilen. In diesem Bereich hat sich Wikipedia etabliert. Für Unternehmen ist es jedoch schwierig Social Media Marketing über Wikipedia zu betreiben, ratsam ist es im Regelfall eher für wissenschaftliche Unternehmen oder Universitäten.

Facebook
Die bekannteste Plattform ist und bleibt Facebook. Millionen Nutzer teilen, posten und schreiben täglich auf Facebook. Deswegen wollen wir Facebook hier etwas außer Acht lassen. Unternehmen können Facebook mittels eines Firmenprofils nutzen oder aber eine Gruppe für die eigene Firma bei Facebook gründen. Facebook ist für viele Unternehmen die Einstiegsplattform zu Social Media. Fast jeder Nutzer kennt die Möglichkeiten, die Facebook bietet, hierzu widmen wir uns in einem eigenen Kapitel (vgl. ▶ Abschn. 2.4).

Blog
Der eigene Blog ist für Unternehmen nahezu immer ratsam und bringt den Lesern wertvolle Informationen über das Unternehmen und seine Produkte. Im Blog können Sie regelmäßig neue Dienstleistungen und Produkte vorstellen. Mit einem Blog wird die gewünschte Zielgruppe angesprochen und Unternehmen bekommen ein schnelles Feedback zum Produkt, zum Unternehmen oder zur Dienstleistung.

2.3.8 Wie gehe ich als Unternehmen vor, um die passende Plattform zu finden?

Unternehmen sollten bei der Wahl der Social-Media-Plattformen einige grundlegende Aussagen und Überlegungen beachten, denn Plattformen gibt es wie Sand am Meer.

Das Wichtigste für ein erfolgreiches Unternehmen ist es, die Plattform zu finden, auf der sich die meisten Kunden, also die Zielgruppe des Unternehmens befindet.

Hinzu kommt, dass Unternehmen, die am Social Media Marketing teilnehmen wollen, sich fragen sollten, welches Ziel sie mit dieser Strategie erreichen wollen. Dabei steht die Frage im Raum, ob man als Unternehmen nur die Produkte bekannt machen möchte oder das gesamte Unternehmen.

Um die geeignete Plattform für das Unternehmen zu finden, ist es wichtig, Marktstudien und Trends zu analysieren. Zurzeit befinden sich Facebook, Twitter und YouTube im aufsteigenden Trend und dieser Trend wird noch einige Zeit anhalten. Grund dafür ist die Vielfalt an Zielgruppen, die sich auf den einzelnen Plattformen bewegen. Doch auch neue Plattformen wie Instagram (Foto/Video Sharing) oder WhatsApp (Instant-Messaging-Dienst) zeigen steigende Nutzerzahlen auf. Beide Dienste wurden von Facebook gekauft.

Für den Start einer Social-Media-Kampagne ist es für Unternehmen ratsam sich erst einmal auf 1–2 Plattformen einen „Namen" zu machen. Hier ist speziell Facebook zu erwähnen, das sehr viele Unternehmen zum Einstieg nutzen. Kombiniert man Facebook mit einem gut geschriebenen und informativen Blog, hat man bereits erste Inhalte, die man über Social Media verbreiten kann.

Einen guten Anfang für eine Social-Media-Kampagne ermöglicht Facebook mit zahlreichen Funktionen und seinen sehr unterschiedlichen Zielgruppen, welche im ▶ Abschn. 2.4 näher beschrieben werden.

Für Nachrichtenportale eignet sich Twitter sehr gut, da dort kurze Meldungen leicht veröffentlicht werden können und der Link zum eigenen Portal untergebracht werden kann.

Für bildstarke Marken eignet sich Instagram sehr gut, da hier sehr wenig Text kommuniziert wird und mehr „in Bildern" gesprochen wird. Diese Plattform eignet sich hingegen für den B2B-Bereich eher weniger.

Mit fortlaufender Tätigkeit und ersten Erfolgen können weitere Plattformen hinzugefügt werden. Achtung: Sie sollten bedenken, dass jede Präsenz auf den einzelnen Social-Media-Plattformen gepflegt werden muss und dies sehr schnell sehr arbeitsintensiv werden kann.

2.3.9 Die richtige Ansprache – Das digitale „Du" in Social-Media-Kanälen, oder doch nicht?

In sozialen Netzwerken dreht sich alles um das Vernetzen zwischen Menschen mit gemeinsamen Interessen. Hier ist es üblich, in der Du-Form zu kommunizieren. Immerhin spricht Facebook bereits bei der Registrierung den Nutzer mit Du an: „Facebook ermöglicht es dir, mit den Menschen in deinem Leben in Verbindung zu treten und Inhalte mit diesen zu teilen." Wenn Facebook *duzt*, ist das bereits die Antwort auf die richtige Ansprache auf dieser Plattform? Kommunikationsverantwortliche stellen sich mit Recht die Frage, in welcher Form Kunden in sozialen Netzwerken angesprochen werden sollen. Grundsätzlich gibt es für die Frage kein 100 % richtig oder falsch. Beide Arten der Kundenansprache – ob Du oder Sie – haben Vor- und Nachteile. Das Siezen wahrt Distanz und vermittelt Höflichkeit und Respekt, wird allerdings oftmals als abschreckend, konservativ und starr empfunden. Das Duzen ist dagegen sehr persönlich und führt zu einer emotionalen Bindung zwischen Kunde und Unternehmen, welches beispielsweise ein Ziel von Marken sein kann. Einer der Hauptgründe, warum Unternehmen soziale Netzwerke in ihren Online-Marketing-Mix integrieren, ist der öffentliche Meinungsaustausch und die Dialogherstellung zwischen Kunde und Unternehmen: Man möchte sich durch das Instrument Social Media mit den Kunden auf Augenhöhe unterhalten, die Zielgruppe somit besser kennenlernen und die eigenen Produkte an die Wünsche der Kunden anpassen. Kommuniziere ich auf Augenhöhe in der Sie-Form? Eine komplexe Angelegenheit!

In den meisten Fällen wird von Unternehmen das Du bevorzugt und ist weder respektlos noch unhöflich gemeint. Trotzdem kommt es vor, dass sich vor allem die ältere Generation mit „du" nicht wohlfühlt und die Sie-Form bevorzugen. Handelt es sich auch hier um die Frage, dass die Generation Y und neue Medien die ältere Generation in Sachen einheitliche Kommunikation überfordert? Während es für uns Digital Natives völlig normal ist, in der Du-Form zu kommunizieren, zerbrechen sich Verantwortliche in starre Unternehmensformen den Kopf, ob das die richtige Art der Kommunikation ist. Bereits an der Wahl der Anredeform, in der Unternehmen mit Kunden kommunizieren, lässt sich für uns feststellen, um welche Art von Betrieb es sich handelt und welche Zielgruppe angesprochen wird. Bevor ich mich das erste Mal mit dem Thema der richtigen Ansprache befasst habe, habe ich mich in meiner Generation umgehört, welche Kommunikationsform von Unternehmen gefordert wird.

Alle Befragten nutzen Social Networks rund um die Uhr, eher privat als im Business, kennen die strategischen Hintergründe der Frage also nicht. Acht von zehn Befragten meinten, eine Ansprache mit „Sie" sei in der Zeit von Web 2.0 nicht angebracht. Unternehmen, die auf Facebook in der Sie-Form kommunizieren, das wirke als würde eine Braut ein schwarzes Kleid bei der Hochzeit tragen. Es fühle sich einfach unpassend an. Zwei meiner Freunde antworteten, sie haben darauf noch nicht geachtet und es spiele keine Rolle, wie Unternehmen beispielsweise auf Facebook mit Kunden kommunizieren. Auch in Foren und Blogbeiträgen gehen die Meinungen in absolut unterschiedliche Richtungen.

Bei meiner Recherche bin ich auf eine Studie von Keylens Management Consultants (Keylens 2011) in Zusammenarbeit mit der Universität Bremen aufmerksam geworden. Diese Studie hat mich sehr überrascht, da das Ergebnis ebenfalls in eine andere Richtung geht als erwartet. Die Teilnehmer der Studie wurden über die gewünschte Ansprache von Unternehmen in Social-Media-Kanälen befragt. 44 % gaben an, die Sie-Form zu bevorzugen. Nur 13 % favorisieren die Ansprache in der Du-Form. Immerhin gaben 43 % an, es sei egal, in welcher Form sie von Unternehmen in sozialen Netzwerken angesprochen werden. Das Ergebnis unterstreicht die Aussage, dass es eine 100 %ige Antwort nicht gibt und unterschiedliche Faktoren eine Rolle spielen. Um die Frage für Sie und Ihr Unternehmen vereinfacht beantworten zu können, stellen Sie sich folgende Fragen:

Auf welchem Kanal/welcher Plattform will ich mit meinem Unternehmen aktiv sein?
Recherchieren Sie auf den jeweiligen Plattformen, wie Unternehmen dort mit Kunden kommunizieren und welche Altersgruppe aktiv angesprochen wird. Während auf Facebook vermehrt die Du-Form verwendet wird, ist auf Xing die Ansprache per Sie zu bevorzugen. Oftmals wird in der Online-Kommunikation eine Mischform verwendet. Der Unternehmensblog kommuniziert häufig in der Sie-Form, die Facebook Seite in der Du-Form.

Mit wem sprechen Sie eigentlich?
Die Art, wie Sie mit Ihren Kunden sprechen, richtet sich nach Ihrer Zielgruppe. Sprechen Ihre Produkte die jüngere Generation an, wäre die Du-Form passender als die Sie-Form. Sehr oft wird auch der Wettbewerber, der in den meisten Fällen bereits aktiv ist, bei der Kommunikation mit der gemeinsamen Zielgruppe beobachtet. Viele Unternehmen nutzen den Dialog zu den Kunden und fragen die Community, wie sie zukünftig angesprochen werden wollen.

Authentizität in Hinblick auf die Unternehmenskultur
Soziale Netzwerke fordern von Unternehmen Transparenz und Authentizität. Welche Ansprache in der Kundenkommunikation für Ihr Unternehmen am geeignetsten ist, richtet sich nach der strategischen Ausrichtung Ihres Unternehmens und nach der Unternehmenskultur. Kommunizieren Sie als Unternehmen in derselben Art, wie Ihre Kunden das bisher gewohnt waren. Sprechen Sie sie in der Offline-Kommunikation förmlich an, sollten Sie diese Ansprache ebenfalls in sozialen Netzwerken verwenden.

Die richtige Ansprache aus der Praxis eines Digital Natives
Spreche ich als Digital Native generell Personen und Unternehmen in der Du-Form an, da wir es nicht anders kennen? Nein, auch ich überlege mir bei jeder Kontaktaufnahme, unabhängig ob es sich um eine Person oder ein Unternehmen handelt, die passende Ansprache. Im ersten Schritt der Kontaktaufnahme beobachte ich das Kommunikationsverhalten des Unternehmens oder der Person auf dem jeweiligen Kanal. In den meisten Fällen kommunizieren Unternehmen in der Du-Form mit ihrer Community. Deshalb stellt sich für mich auch nicht die Frage, ob ich innerhalb der Community eine förmliche Ansprache wähle. Aber nicht immer ist die Du-Form die passende. Starte ich eine Konversation mit einer Person, welche ich persönlich noch nicht kenne, wähle ich gezielt die Sie-Form. Ehrlicherweise hatte ich noch nie das Problem, das sich jemand über die gewählte Ansprache beschwert hat. Beobachtungen zeigen allerdings, das Natives, die Facebook ausschließlich privat nutzen, sich keine Gedanken darüber machen, in welcher Form der Ansprache mit Unternehmen kommuniziert wird.

2.4 Facebook – Das stärkste soziale Netzwerk – Die Spielwiese der Generation Y

Facebook zählt heute zu den größten und wichtigsten Websites der Welt und machte Gründer Mark Zuckerberg 2009 zum jüngsten Selfmade-Milliardär der Welt. Derzeit nutzen 1,39 Mrd. Menschen Facebook (Stand: Dezember 2014), das macht Facebook zum größten und beliebtesten sozialen Netzwerk unserer Zeit. Facebook bietet viele Funktionen, die Unternehmen neue Marketingmöglichkeiten bieten, um die Markenbekanntheit zu steigern und Kundennähe zu erzeugen. Mit nur wenigen Klicks hat der User die Möglichkeit, mit vielen verschiedenen Firmen und Marken in Kontakt zu treten, indem er bestehende Unternehmensseiten auf Facebook abonniert oder auch selbst erstellt. Doch wie ist es dazu gekommen? Was steckt hinter der Story von Facebook?

Die Entstehungsgeschichte von Facebook beginnt im Jahr 2003, als Mark Zuckerberg während seines Studiums der Psychologie und Informatik an der Harvard University die Website facemash.com entwickelte. Bei Facemash handelte es sich um eine Plattform, auf der Mark Zuckerberg unerlaubt Bilder von Studentinnen hochgeladen hatte und anschließend die Studenten der Harvard University nach dem Prinzip „hot or not" bewerten ließ. Nur wenige Tage später ging die Plattform nach heftigen Protesten wieder offline. Im Frühjahr 2004 gründete Mark Zuckerberg gemeinsam mit seinen Studienkollegen Eduardo Saverin, Chris Hughes und Dustin Moskovitz die Plattform „Thefacebook.com"

Die Funktionen, die wir heute kennen, gab es zur damaligen Zeit natürlich noch nicht und es war nur als kleines Netzwerk für Studenten gedacht. Am Tag, als The Facebook ins Netz ging, meldeten sich bereits 600 User an. Innerhalb von drei Wochen waren es bereits 6000 Harvard-Studenten. Nach nur zwei Monaten war der Dienst bereits an neun Hochschulen im Einsatz. Der Aufstieg des blauen Riesen hatte begonnen und 2004 konnte die Plattform bereits eine Million Nutzer verzeichnen. Ende 2006 öffnete Facebook die Plattform für alle User mit gültiger E-Mail-Adresse und 2007 kaufte Microsoft einen geringen Anteil von 1,6 % des Portals für 240 Mio. Dollar. Facebook entwickelte sich Schritt für Schritt immer weiter und arbeitete an immer neuen Funktionen. 2006 ging der Newsfeed an den Start, auf dem die Statusmeldungen der Freunde, kommende Veranstaltungen etc. angezeigt wurden. Im Folgejahr konnten zum ersten Mal Drittbieter Programme auf Facebook veröffentlichen und bereitstellen. 2008 war das Portal erstmals auf Deutsch verfügbar.

2.4.1 „Gefällt mir" – Ein Daumen erobert die Welt

Anfangs konnten die User Statusmeldungen der Freunde nur mithilfe einer Kommentarfunktion bewerten. Dies sollte sich allerdings 2009 ändern – der bekannte Daumen erblickte das Licht der Welt. Mittlerweile ist der Daumen zur Marke geworden. Mit dem „Gefällt mir"-Button ist es den Nutzern erstmals ermöglicht worden, Dinge die ihnen gefallen, mit „Gefällt mir" zu bewerten. Vor allem in der Werbewelt sorgte die Einführung des „Gefällt mir"-Buttons für einen Wandel in der Markenkommunikation. Mit dem „Gefällt mir"-Button können User nun erstmals neben den Statusbeiträgen von Freunden auch Artikel von Medien und Statusnachrichten von Unternehmen bewerten. Die Funktion entwickelte sich über die Zeit weiter und sollte nicht nur als Bewertungstool dienen, sondern es Usern zukünftig ermöglichen, sich mit der Schaltfläche „Gefällt mir" an Diskussionen anderer Interaktionen, wie z. B. Facebook-Unternehmensseiten zu beteiligen oder um über Neuigkeiten zu einem Thema informiert zu werden. Ein User, der eine Statusnachricht oder eine Unternehmensseite mit einem „Gefällt mir" belohnt, empfiehlt diese dadurch an sein Netzwerk weiter. Das führt dazu, das der „Gefällt mir"-Button heute insbesondere für Werbetreibende eine hohe wirtschaftliche Bedeutung darstellt. Mit dem Betätigen des „Gefällt mir"-Buttons können so neue Kunden erreicht und Markenbotschaften an ein breites Publikum verbreitet werden.

> **Beispiel**
>
> Lukas ist 19 Jahre alt und ist vor allem an Mode interessiert. Vor wenigen Wochen ist er auf Facebook auf eine Unternehmensseite eines jungen Unternehmens aufmerksam geworden, welches ausgefallene Mode produziert und in einem Online-Shop verkauft. Das Unternehmen nutzt Facebook, um sowohl bestehende als auch neue Kunden über neue Kollektionen zu informieren. Lukas hat auf Facebook 420 Freunde. Ein Großteil davon weist ähnliche Interessen wie er auf: Mode. Lukas hat aufgrund der tollen Bilder und der sympathischen Darstellung des Unternehmens im Shop bestellt. Zukünftig will er über neue Produkte zeitnah benachrichtigt werden. Deshalb klickt er auf die Schaltfläche „Gefällt mir" auf der Facebook-Unternehmensseite. Ab sofort sieht er jede Info, die das Unternehmen veröffentlicht, in seinem Newsstream. Mit dem Betätigen des „Gefällt mir"-Buttons hat er gleichzeitig die Seite auch seinem Netzwerk weiterempfohlen: „Lukas gefällt die Seite X." Markus, einer seiner modeinteressierten Freunde, wird in diesem Moment auf die Meldung aufmerksam und möchte wissen, um welche Seite es sich genau handelt. Er weiß, dass Lukas modisch immer auf dem aktuellsten Stand ist, weshalb die Empfehlung von Lukas für ihn einen hohen Stellenwert darstellt. Auch er sieht sich die Facebook-Seite des Unternehmens an und landet anschließend, wie auch Lukas zuvor, im Online Shop. Er tätigt anschließend eine Bestellung, klickt auf der Seite „Gefällt mir" und bekommt ab sofort jede Info über neue Kollektionen oder andere unternehmensrelevante Informationen.

So kaufen Kunden heute ein. Sie erinnern sich noch an das Beispiel mit dem Fernseher? Empfehlungsmarketing – virale Mundpropaganda!

2.4.2 Markenkommunikation auf einem neuen Level – Der Open Graph

Facebook ermöglicht Nutzern wunderbare Funktionen, von der Erstellung der eigenen Facebook-Seite, über die Verwendung von Places oder die Nutzung und Verbreitung von

Werbung. Diese Möglichkeiten sind aus betriebswirtschaftlicher Überlegung sehr sinnvoll. Mittlerweile ist das auch immer mehr Unternehmen und deren Marketingabteilungen klar geworden. Was jedoch viele Nutzer immer wieder vergessen, ist, dass Facebook auch außerhalb der Facebook-Seite funktioniert. Als Unternehmen oder als Privatperson kann man Facebook also auch außerhalb der Plattform nutzen. Wir sprechen hier vom Open Graph.

Viele werden sich nun fragen, was der Open Graph eigentlich ist? Handelt es sich dabei um den Like- Button, den man überall findet?

Am Anfang stand nicht der Open Graph, sondern der Social Graph
Das Grundprinzip vom Open Graph stammt bereits vom Social Graph, also der globalen Abbildung jeder Person und ihrer Vernetzungen mit Freunden. Der Begriff Social Graph wird nicht nur für Facebook verwendet. Die Bezeichnung kann auch im Offline-Leben verwendet werden. Jeder Benutzer wird dabei grafisch durch einen Knoten dargestellt. Die Knoten werden anhand der Verbindungen unterhalb der Nutzer verbunden. Am Ende entsteht eine perfekte grafische Darstellung.

Wann wurde der Open Graph eingeführt und was bedeutet das für Unternehmen?
Der Welt wurde der Open Graph am 21. April 2010 im Rahmen der Facebook-Entwickler-Konferenz, genannt F8, in San Francisco vorgestellt. Der ursprüngliche Social Graph wurde durch die Möglichkeit erweitert, dass Nutzer sich mit Objekten verbinden können. Facebook-Nutzer hatten ab diesem Zeitpunkt die Möglichkeit, sich nicht nur mit Kontakten zu verbinden, sondern auch mit Filmen, Restaurants, Orten, Büchern, Webseiten, Firmen und vielem mehr.

Die Funktion und der Nutzen für Unternehmen
Die Sozialisierung des gesamten Internets – das steckt hinter der Idee und der Umsetzung von Open Graph. Für Webseitenbetreiber ergeben sich so neue Möglichkeiten, Facebook zu verwenden und sich damit zu verbinden. Dazu zählt zum Beispiel auch die Integration des Like-Buttons. Mit dem Like-Button werden Verbindungen zwischen einem Objekt und einem Menschen aufgebaut. Bei einer richtigen Einbindung des Open-Graph-Protokolls (Meta Tags) und des Like-Buttons auf der eigenen Webseite wird dem Betreiber eine Interaktionsmöglichkeit (Rückkanal) geboten. Das bedeutet, der Webseitenbetreiber kann die „Liker" über Facebook zurückverfolgen, um diese über den Newsfeed zu erreichen. Facebook-User werden so über die Neuheiten des Unternehmens oder der Marke informiert.

Der „Like-Button" zählt mit zu den Social Plugins. Diese werden für die Verbindung zwischen Facebook und einer anderen Webseite benötigt. Es gibt mittlerweile schon weitere Social Plugins. Ein Social Plugin ist beispielsweise die Recommendation Box. Diese kann auch außerhalb von Facebook eingebunden werden. Unternehmen haben mit der Recommendation Box die Möglichkeit, Besuchern der Seite personalisierte Empfehlungen vorzuschlagen. Für Unternehmen ermöglichen sich nun also ungeahnte Möglichkeiten, um mit Kunden und „Likern" in Verbindung zu treten.

2.4.3 Seiten, Profile und Gruppen – die Funktionen von Facebook für das Unternehmen

Facebook ist ein grundlegender Bestandteil des Alltags vieler Menschen geworden. Profile erstellen, Fotos teilen, Spiele spielen, Gruppen besuchen oder gründen und Freunde kontaktieren gehören mit zu den Haupttätigkeiten, die das soziale Netzwerk ermöglicht. Neben privaten Personen nutzen auch immer mehr Unternehmen das soziale Netzwerk, um Marketingmöglichkeiten auszureizen.

Auch wenn Facebook zum Leben vieler gehört, wissen die wenigsten, was Facebook wirklich alles kann. Gerade Unternehmen unterschätzen die Funktionen, die Facebook zur Verfügung stellt. Nutzt man diese Funktionen richtig, lassen sich schnell neue Kundenzweige erreichen. Wir haben die Bereiche Profil, Gruppe und Seite etwas genauer unter die Lupe genommen. Was bieten diese Bereiche und wo liegt der Unterschied?

Das persönliche Profil
Mehr als eine Milliarde Menschen nutzen Facebook täglich. Um Facebook überhaupt nutzen zu können, muss man ein Profil erstellen. Daran wird kein Weg vorbeiführen. Um das Profil einrichten zu können, ist es wichtig sich anzumelden. Das Anmelden erfolgt über die E-Mail-Adresse, den Namen und das Geburtsdatum. Also ganz normale Standardangaben. Danach kann man das Profil erstellen und bearbeiten.

Persönliche Profile sind grundsätzlich für den privaten Gebrauch gedacht und repräsentieren immer eine einzelne Person. Facebook bietet die Möglichkeit, sich über sein Profil sozusagen vorzustellen. Nutzer, die ein Profil erstellen, bekommen die Möglichkeit ein privates Foto hochzuladen. Dieses wird dann mit dem Namen angezeigt. Das Profilfoto lässt sich jederzeit durch den Nutzer ändern.

Auf dem Profil lassen sich noch andere Dinge ergänzen. Nutzer können Infos über sich im eigenen Profil ergänzen. Dazu zählen der Arbeitgeber, der Wohnort, der frühere Heimatort, die Schule, Kontaktinfos (Telefonnummer, E-Mail), Detailinfos, Familie und Beziehung und Lebensereignisse.

In dem Bereich Familie und Beziehung ermöglicht es Facebook dem Nutzer, den Familienstand anzugeben und andere Personen als Familienmitglieder zu markieren. Das Profil ist der Dreh- und Angelpunkt, um den sich alles dreht. Andere Nutzer, die sich ein Profil anschauen, bekommen Freunde, Orte, an denen man war und „Gefällt mir"-Angaben sowie die persönlichen Aussagen angezeigt. Zusätzlich werden auf dem Profil Posts und Kommentare der jeweiligen Person angezeigt. Wer die Sicht auf sein Profil einschränken möchte, kann das über die Privatsphäreneinstellung tun.

Die Facebook-Seite
Neben dem Profil können Nutzer eine Seite erstellen. Vor allem Unternehmen nutzen diese Funktion besonders gerne. Facebook verhilft Unternehmen mit der Unternehmensseite dazu, Zielgruppen besser anzusprechen und neue Zielgruppen zu erreichen.

Facebook gibt dem Unternehmen mit der Seite ein Gesicht, welches das Unternehmen selber bestimmen kann. Auf der Facebook-Seite können Unternehmen mit Fotos, Post und Kommentaren Ihr Unternehmen vorstellen. Um eine Seite erstellen zu können, ist wieder eine Anmeldung erforderlich. Das Profil muss dafür nicht vollständig ausgefüllt werden.

Das Erstellen eine Unternehmensseite wird Schritt für Schritt durchgeführt. Unternehmen können sich dafür einzeln den Bereich aussuchen, in dem Ihr Unternehmen eingegliedert wird (Person des öffentlichen Lebens, Medienunternehmen usw.). Unternehmen können mit einer Unternehmensseite Kunden schneller erreichen und über Neuerungen des Unternehmens oder der Produktpalette informieren. Kunden bekommen die Möglichkeit, die Aktivitäten des Unternehmens zu verfolgen oder als „gefällt mir" zu markieren.

Natürlich lassen sich auf einer Unternehmensseite noch wesentlich mehr Dinge einbinden. Ganz besonders interessant ist der Seitenmanager. Damit haben Nutzer die Möglichkeit, mehrere Seiten gleichzeitig zu verwalten, bei einer Unternehmensseite ist das besonders hilfreich. Ebenfalls sehr hilfreich sind die Seitenstatistiken. Mit diesen Statistiken können Unternehmen die Aktivitäten auf der Unternehmensseite überprüfen.

Unternehmen, die eine Facebook-Seite nutzen und diese intensiv betreiben, werden schnell merken, dass sich das soziale Netzwerk zu einem echt tollen Marketing-Instrument entwickelt hat.

Die Gruppen auf Facebook
Den Bereich der Gruppen gibt es schon sehr lange auf Facebook. Erstellt werden kann eine Gruppe von jedem zu jedem beliebigen Thema. Sinn der Gruppen ist es, dass sich Menschen mit denselben Interessen an einen „privaten" Ort unterhalten können. Dazu gehört es auch, Fotos auszutauschen und Kommentare zu hinterlassen.

Gruppen gibt es in unterschiedlichen Varianten. Es gibt öffentliche Gruppen, in die jeder Nutzer Einblick hat, das heißt auch in Kommentare, Beiträge und in die Mitgliederliste. Hier kann auch jeder, der gerne möchte, Mitglied werden. Dann gibt es die geschlossene Gruppe. Hier bestimmt der Administrator, also der Gründer, wer Zutritt zur Gruppe bekommt. Hier können nur die Mitglieder untereinander etwas teilen, Außenstehende sind davon ausgeschlossen. Als Letztes gibt es noch die geheime Gruppe. Hier sehen nur die Mitglieder die Geschehnisse in der Gruppe. Außenstehende können weder Kommentare noch Mitglieder sehen. Die Privatsphäre der Gruppe kann nur vom Gründer geändert werden.

Unternehmen können auch diesem Bereich für sich nutzen, indem beispielsweise eine Gruppe über das Unternehmen oder seine Produkte eröffnet wird.

Wie unterscheiden sich die einzelnen Bereiche
Die Unterschiede der Bereiche Profil, Gruppe und Seite werden bereits deutlich, wenn man sich die Funktionen, die oben beschrieben wurden, anschaut. Das Profil ist so eingerichtet, dass sich dort private Personen vorstellen können. Die Seite hingegen ist mehr auf Unternehmen und deren Marketingstrategien ausgelegt, von der Statistik bis hin zur Zielgruppenerkennung.

Die Gruppe hingegen ist für beide Bereiche geeignet und soll Menschen mit gleichen Interessen zusammenführen, um über Themen und Neuigkeiten zu diskutieren. Gruppen gibt es in allen Bereichen, vom Unternehmen bis hin zur Sammlung lustiger Bilder.

Facebook bietet natürlich noch mehr Funktionen, aber diese drei sind die Grundbausteine, um eine Facebook-Präsenz auszustrahlen. Gerade Unternehmen sollten diese Präsenz nicht unterschätzen.

2.4.4 Werbeanzeigen auf Facebook – Der Aufbau einer Community

Facebook-Werbeanzeigen (auch Facebook Ads genannt) ermöglichen es Unternehmen, ihre Produkte und Leistungen innerhalb der Facebook-Community bekannter zu machen. Ihre Funktionsweise ist sehr einfach: Im Werbeanzeigenmanager kann der Administrator einer Fanpage (Unternehmensseite) zwischen mehreren Zielen der Kampagne wählen (beispielsweise „Gefällt mir"-Angaben, Klicks auf die Website, Interaktion mit Seitenbeiträgen). Nachdem ein passender Werbetext und ein Bild erstellt wurden, wird die Anzeige anhand der ausgewählten Zielgruppe passenden Personen angezeigt.

Die Bedeutung von Facebook Ads für Fanpage-Administratoren stieg zuletzt im Dezember 2013 beträchtlich an. Wurden Beiträge bis dahin unter Zuhilfenahme eines Algorithmus all den Fans der Seite angezeigt, für die der Beitrag höchstwahrscheinlich relevant war, so werden die Beiträge seitdem nur an Fans ausgeliefert, die eine hohe Interaktion mit der Fanpage aufweisen. Weniger aktive Fans werden mit den Beiträgen somit nicht mehr erreicht, und folglich ist die Fanpage-Reichweite gesunken. Wer die Reichweite wieder steigern möchte, ist also praktisch fast gezwungen, Facebook Ads zu schalten.

Vorteile

Ein unbestrittener Vorteil der Facebook Ads für den Werbetreibenden ist die große Auswahl an Targeting-Möglichkeiten. So kann die Zielgruppe anhand des Standortes, des Alters, des Geschlechts, der Interessen, der Sprache, der Verbindungen, die Nutzer zu der Fanpage haben, und dem Verhalten (digitale Aktivitäten wie Fanpage-Administratoren; Nutzer von Mobilgeräten einer bestimmten Marke) relativ genau eingegrenzt werden. Dadurch soll der Streuverlust einer Anzeige möglichst gering gehalten werden.

Neben den Facebook Ads gibt es auch noch die Möglichkeit der gesponserten Meldungen, sogenannte „Promoted Posts" oder „Empfohlene Beiträge", die in den Neuigkeiten der User platziert sind. Promoted Posts können nur den Personen angezeigt werden, welche die Seite bereits mit „Gefällt mir" markiert haben oder deren Freunde die Seite mit einem „Like" versehen haben.

In der Anzeigenschaltung von Promoted Posts und Facebook Ads mit dem Ziel, möglichst zahlreiche „Gefällt mir"-Angaben zu erhalten, werden außerdem Funktionen wie der „Gefällt mir"-Button integriert. Diese Komponente wird bei allen Formen der Facebook-Werbung um den sozialen Kontext ergänzt, bei dem Werbeanzeigen einer Seite, mit der ein Freund bereits verbunden ist, mit „XYZ gefällt das" versehen werden. Das soll einer sozialen Weiterempfehlung, wie wir es aus unserem alltäglichen Leben kennen, gleichen.

Zudem bietet der Werbeanzeigenmanager umfangreiche Statistiken zum Verlauf der Kampagne. Neben der Reichweite, der Klickrate und den Gesamtausgaben werden die erreichten Handlungen und die durchschnittliche Frequenz der Werbeanzeigen des Users dargestellt. Die Statistiken können als xls- oder csv-Datei exportiert werden.

Google Adwords vs. Facebook-Werbeanzeigen
Eines haben die beiden Formen der Online-Werbung auf jeden Fall gemeinsam: Sie haben zum Ziel, die Produkte oder Dienstleistungen eines Unternehmens innerhalb der Zielgruppe bekannter zu machen und eine bestimmte Handlung (seien es Klicks auf die Website, „Gefällt mir"-Angaben oder der Kauf von Produkten oder Dienstleistungen) zu erreichen. Auch die Abrechnungsform – in beiden Netzwerken ist dies vorrangig PPC (PPC steht für Pay per Click und beschreibt ein Abrechnungsmodell im Online Marketing, das auf Klicks basiert. Sobald ein Seitenaufruf über eine Werbeanzeige ausgelöst wird, zahlt der Werber) – verbindet Google Adwords und Facebook Ads. Betrachtet man die Funktionsweisen von Google Adwords und Facebook Ads jedoch näher, erkennt man markante Unterschiede. Die Filterfunktionen zur möglichst genauen Einschränkung der Zielgruppe sind bei Facebook Ads um einiges umfangreicher als bei Google Adwords. Die Auslieferung der Anzeigen in der Suchmaschinenwerbung basiert rein auf den Suchbegriffen der User, während Facebook personenbezogene Informationen wie Interessen, Alter oder Geschlecht verwendet. Die umfangreichen Targeting-Möglichkeiten führen dazu, dass Facebook Ads mit weniger Zeitaufwand und weniger Komplexität erstellt werden können.

Ein weiterer Unterschied der beiden Werbeformen zeigt sich in den Absichten der Nutzer. Facebook-User wollen sich primär mit Freunden und Bekannten vernetzen, während Google-Nutzer ein konkretes Suchinteresse haben.

Welche Form der Werbung die richtige ist, ist immer situationsabhängig. Sowohl Google Adwords als auch Facebook Ads können unter korrekter Anwendung beträchtliche Erfolge erzielen.

2.4.5 Gute Freunde kauft man nicht – man muss sie überzeugen

Vom großen Social-Media-Katzenjammer
Frust und Lust liegen im Internet und vor allem in sozialen Netzwerken immer eng beieinander. Dies ist vor allem dann der Fall, wenn alle Social-Media-Aktivität einem ehernen Ziel untergeordnet ist, dem schnöden Mammon, weil der sich so gut in Zahlen und Bergen messen lässt. Und wo Gewinn wachsen soll, muss investiert werden, meistens jedenfalls. Das ist eine der wirtschaftlichen Grundlagen. Unternehmen haben frühzeitig erkannt, dass sich fast alles kaufen lässt – teure Werbeflächen, beste Testergebnisse und ein tadelloses Image, jedenfalls bis jetzt. Strategien, die in der Wirtschaft bisher immer funktionierten, werden in der neuen Welt des Social Media Marketing nämlich einfach über Bord geworfen. Hier entscheiden Ihre Fans, wo Sie mit Ihrer Werbung landen, sie informieren darüber, ob Ihre Dienstleistung oder Ihr Produkt etwas taugen und können in wenigen

Stunden Ihr gutes Image mit einem Shitstorm kaputt machen. Erfolgreiches Social Media Marketing kann man nicht einfach so kaufen, es muss sich entwickeln und dafür braucht es neben einem finanziellen Rahmen, Kompetenzen und Geduld – eine Tatsache, die bisher noch nicht jeder Marketingverantwortliche in den Unternehmen verinnerlicht hat.

Mitmachen heißt die Devise
In sozialen Medien lassen sich mit bezahlten Werbekampagnen innerhalb kurzer Zeit viele Menschen erreichen. Diese Kampagnen sind im Grunde genommen nichts anderes als eine Einladung an die potentielle Zielgruppe, einzutreten und Fan zu werden. Diejenigen, die diese Einladung wahrnehmen und auf „gefällt mir" klicken, kommen mit einer bestimmten Erwartungshaltung, die es im Social-Media-Umfeld zu erfüllen gilt. Fans wollen wie gute Freunde behandelt werden. Sie wollen nicht als Zuschauer am Rand stehen und sich berieseln lassen, sondern aktiv mitmachen, mitgestalten und mitreden und vor allem nicht im Regen stehen. Sie wollen Antworten auf ihre Fragen und ernst genommen werden, so wie wir es von einer großen Familie kennen.

Alles, nur niemals langweilig werden!
Social Media ist wie das ganz normale Leben, nur eben virtuell… So müssen wir uns auch in den Netzwerken Zeit nehmen für die Menschen, mit denen wir eine wie auch immer geartete Beziehung eingehen. Wer als Unternehmen an dieser Stelle ungeduldig wird und die Flinte zu schnell ins Korn wirft, macht sich nicht nur unglaubwürdig, sondern verschenkt für die Zukunft ein stetig wachsendes Potential an Kunden. Studien zufolge beklagen die Verantwortlichen in den Unternehmen häufig, dass sie zu wenig Fans generieren und dass bereits gewonnene Fans zu wenig interagieren.

Ein altes Sprichwort besagt: *Wie man in den Wald hineinruft, so schallt es heraus.* Bezogen auf den Bereich der sozialen Medien übersetze ich das mal folgendermaßen: *Wenn man seine Fans zu Tode langweilt, stirbt das Unternehmensprofil früher oder später.*

Will ich als Unternehmen also Interaktion, so muss ich in der Lage sein, Fans und Follower anzusprechen, sie nicht nur zu informieren, sondern auch zu unterhalten, damit diese sich über das Unternehmen unterhalten. Interaktion muss Spaß machen, sonst wendet sich die Fangemeinde bald einem anderen Interesse zu. Wir müssen weg von der schnöden Informationskultur und erkennen, dass „sich informieren" auch etwas mit erkunden, entdecken und mitreden zu tun hat. Der Kunde von heute will seine Meinung beitragen und Sie als Unternehmer sollten die Chance nicht verpassen, ihn möglichst oft genau darum zu bitten.

2.4.6 Zehn Tipps für eine erfolgreiche Facebook-Seite

Facebook-Seiten sind schnell erstellt und existieren mittlerweile wie Sand am Meer, doch nicht alle sind auch erfolgreich. Wie Sie Ihre Facebook-Seite von Anfang an richtig einrichten und Reichweite und Fans gewinnen, erfahren Sie durch die folgenden zehn Tipps für eine erfolgreiche Faceboook-Seite[2]:

Strategie festlegen
Eine gut durchdachte Strategie bildet die Basis einer erfolgreichen Facebook-Seite. Im Vorhinein muss festgelegt werden, mit welchen Inhalten die Seite befüllt werden soll und wie Fans generiert werden. Der Facebook-Auftritt sollte mit den übrigen Social-Media-Kanälen bzw. mit allen Marketing-Aktivitäten abgestimmt werden. Handelt es sich um eine Unternehmens-Seite oder um eine reine Recruiting-Seite? Diese Überlegungen spielen eine große Rolle bei der Festlegung des Contents. Ebenso wichtig ist es, die Verantwortlichkeiten zu definieren. Wer erledigt welche Aufgaben zu welcher Zeit? Welche Ressourcen stehen für die Facebook-Seite zur Verfügung? Die Erstellung eines Redaktionsplanes gibt Antworten auf diese Fragen und sollte daher unbedingt in die Planungsphase integriert werden. Im Redaktionsplan wird festgelegt, welche Themen auf der Facebook-Seite veröffentlicht werden, zu welchem Zeitpunkt der Content fertiggestellt werden muss und wer für welche Aufgaben verantwortlich ist. Auch Veranstaltungen oder besondere Ereignisse (Ostern, Weihnachten, Firmenfeste) sollen darin vermerkt werden, um bereits im Vorhinein passenden Content beschaffen zu können. Dadurch wird verhindert, dass den Verantwortlichen die Ideen für passende Beiträge ausgehen, während gleichzeitig alle Beteiligten stets den Überblick über geplante Themen und Deadlines haben.

Ansprechende Facebook-Seite erstellen
Nachdem eine passende Strategie festgelegt wurde, geht es an die Erstellung einer professionellen Facebook-Seite. Was auf den ersten Blick wie ein Kinderspiel aussieht, benötigt einiges an Zeit und Vorbereitung. Der Info-Bereich sollte vollständig ausgefüllt werden. Hier können eine Kurzbeschreibung sowie eine etwas ausführlichere Beschreibung angegeben werden.

Vor allem in der Kurzbeschreibung ist es wichtig, mit wenigen Worten das Unternehmen bzw. den Zweck der Facebook-Seite inklusive Link zur Website vorzustellen. Ebenso sollten die Kontaktinformationen bereitgestellt werden. Darüber hinaus wird ein ansprechendes und ausdrucksvolles Profil- und Titelbild benötigt. Das Profilbild sollte eine Größe von 180px x 180px und das Titelbild 851px x 315px aufweisen. Für die Bilder eignen sich Fotos, die das Unternehmen widerspiegeln. Wie bei allen Foto- und Videomaterialien im Web gilt es im Vorhinein die Urheberrechte abzuklären.

Kontinuierlich Content generieren
Nichts ist schlimmer als eine tote Facebook-Seite. Oft werden Seiten erstellt und nach kurzer Euphorie die Postings vernachlässigt. In dieser Zeit ist es sehr wahrscheinlich, dass bereits gewonnene Fans das Interesse an der Seite verlieren und sich anderen Seiten

---

[2] Weitere Informationen unter Wikipedia (2014a), Peck (2013), Asklubo (2014), Frickel (2012), Adda (2012), Wiese (2013), Schalling (2014), Lahnor (2013), Hutter (2012).

zuwenden. Deshalb ist es wichtig, sich von Anfang an darüber im Klaren zu sein, dass ein Auftritt in einem Social-Media-Kanal eine langfristige Entscheidung ist und Aufwand bedeutet. Durch den oben genannten Redaktionsplan wird verhindert, dass plötzlich die Ideen für die Seite ausgehen. Dennoch muss man sich regelmäßig Gedanken über relevante Inhalte machen. Der Content sollte aufgrund der Interessen der Zielgruppe ausgewählt werden, denn nur für den Nutzer relevante Themen werden auch fleißig gelikt und mit der Community geteilt. Um an passende Inhalte zu kommen, empfiehlt es sich die bereits veröffentlichten Inhalte zu analysieren. So kristallisieren sich sehr schnell Themenbereiche mit besonders hoher Interaktion heraus. Aber auch vor dem Launch der Facebook-Seite lassen sich Aussagen bezüglich geeigneter Themen tätigen. Da Facebook kein Verkaufskanal ist, sollten nicht allzu viele Postings von Produkten, Leistungen und Angeboten handeln. Vielmehr interessieren die User Einblicke ins Unternehmen, Hintergrundinformationen und themenrelevante Neuigkeiten. Die Beiträge sollten daher eine menschliche Komponente besitzen und nicht die eines Unternehmens. Durch die auf diese Weise übertragenen Emotionen fühlen sich die User mit dem Unternehmen stärker verbunden.

Auf die Zielgruppe hören
Um den richtigen Content für die Facebook-Seite zu finden, ist es essentiell, auf die Zielgruppe zu hören. Die User lassen sehr transparent anklingen, welche Themen ihnen mehr und welche ihnen weniger gefallen. In diesem Fall gibt die Zielgruppe den Ton an und als Betreuer der Facebook-Seite gilt es diese Wünsche richtig umzusetzen. Voraussetzung dafür ist, dass man ganz genau weiß, wer die Zielgruppe ist und welche Interessen sie vertritt.

Den perfekten Zeitpunkt finden
Der richtige Zeitpunkt bei der Veröffentlichung der Inhalte spielt für den Erfolg der Facebook-Seite eine entscheidende Rolle. Facebook bietet dazu im Statistik-Bereich eine hilfreiche Funktion. Unter „Statistik > Beiträge > Wann deine Fans online sind" ist ersichtlich, zu welcher Uhrzeit die meisten Fans online sind. Die Daten werden jeweils für die vergangene Woche bereitgestellt, wobei die Grafik das Mittel aus der vergangenen Woche anzeigt, bei Klick auf einen Wochentag aber auch tagesabhängige Unterschiede festgestellt werden können (vgl. ⊙ Abb. 2.15). Anhand dieser Informationen sollten die Beiträge entsprechend geplant und veröffentlicht werden, um die größtmögliche Anzahl der Fans zu erreichen. Die Tageszeit, zu der die meisten Fans online sind, ist je nach Zielgruppe sehr unterschiedlich. Mütter und Hausfrauen sind vielleicht eher vormittags, wenn die Kinder außer Haus sind, online, während andere in der Mittagspause oder am Abend Zeit für einen Blick in die Social-Media-Kanäle haben. Grundsätzlich erreicht man die meisten Fans am Morgen oder nach Feierabend.

Interaktion fördern
Viele Fans bedeuten nicht automatisch eine hohe Interaktionsrate. Mit den richtigen Inhalten kann diese aber gefördert und somit gesteigert werden. Möglichkeiten dafür gibt es ge-

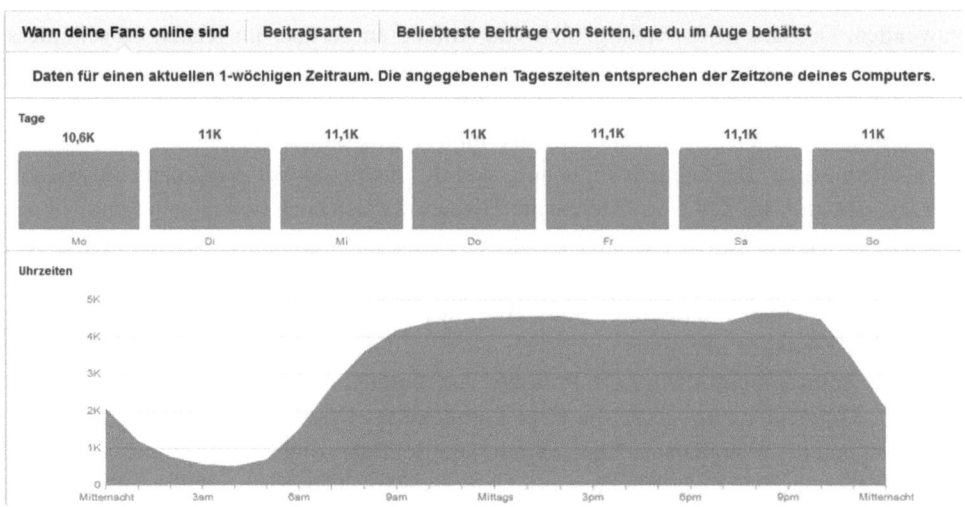

Abb. 2.15 Facebook-Statistik zeigt, wann die meisten Fans online sind

nügend. Beispielsweise können die Nutzer aufgefordert werden, Fotos von sich und dem Produkt des Unternehmens hochzuladen (eventuell verknüpft mit einem Gewinnspiel). Ebenso können Anregungen wie „Was ist Eure Meinung zu dem Thema?" oder „Wie denkst Du darüber?" die Interaktion positiv beeinflussen. Um an zielgruppenrelevante Inhalte zu gelangen, kann die Community bei der Themenfindung eingebunden werden. In Form von Abstimmungen oder freien Meinungsäußerungen können die Nutzer gefragt werden, welche Bereiche des Unternehmens sie besonders interessiert und worüber sie gerne mehr erfahren würden.

Flexible und zeitnahe Reaktion
Die Nutzer wollen für ihre Interaktion auch belohnt werden – nämlich mit raschen Antworten auf ihre Fragen. Die Facebook-Seite muss daher stets im Auge behalten werden; wenn möglich auch am Wochenende. Bei Fragen der Nutzer sollte innerhalb kürzester Zeit eine passende Antwort zur Verfügung stehen, selbst wenn die Anfrage nicht sofort gelöst werden kann. In diesem Fall empfiehlt es sich, den User erst mal damit zu vertrösten, dass man sich um das Anliegen kümmert. Damit signalisiert das Unternehmen Interesse und der Nutzer ist meist fürs erste zufrieden. Stehen keine Ressourcen zur Verfügung, die Facebook-Seite auch außerhalb der gewohnten Arbeitszeiten zu betreuen, kann mit einem Beitrag am Freitag, in dem man der Community ein entspanntes Wochenende wünscht, signalisiert werden, dass man am Montag wieder für Anfragen zur Verfügung steht.

Professionelles Krisenmanagement
Social-Media-Krisen gehören zu den größten Herausforderungen beim Einsatz von Social-Media-Plattformen. Konsumenten teilen dabei ihre negativen Erfahrungen mit dem Produkt oder dem Unternehmen im Social Web. Folgt darauf nicht unmittelbar eine Reaktion des

Unternehmens, verbreiten sich die negativen Beiträge innerhalb kürzester Zeit exponentiell und können einen erheblichen wirtschaftlichen Schaden im Unternehmen anrichten.

Daher ist es essentiell, in der Planungsphase einen Krisenplan festzulegen, in dem Verantwortlichkeiten und Reaktionsprozesse auf negative Kommentare definiert sind. Die Macht eines einzelnen Nutzers wird oft unterschätzt, deshalb ist es umso wichtiger, auf jeden negativen Beitrag umgehend zu reagieren. Welche Form der Reaktion angemessen ist, ist situationsabhängig. Das Löschen eines Kommentares sollte abgesehen von rassistischen und ethischen Beleidigungen jedoch keine Option sein.

Werbung richtig nutzen
Die Facebook-Werbeanzeigen ermöglichen es Unternehmen, ihre Facebook-Seite und somit die Produkte und Leistungen des Unternehmens bekannter zu machen. Seitdem die natürliche Reichweite von Beiträgen gesenkt wurde, ist die Bedeutung von Facebook-Werbeanzeigen deutlich angestiegen. Der Administrator der Seite kann zwischen mehreren Zielen der Kampagne, beispielsweise Gefällt-Mir-Angaben oder Klicks auf die Website, und unterschiedlichen Targeting-Optionen auswählen. Neben den Werbeanzeigen gibt es noch die Möglichkeit der gesponserten Meldungen, sogenannte Promoted Posts oder Empfohlene Beiträge.

Leistung messen
Um Aussagen über den Erfolg der Facebook-Seite treffen und Verbesserungsvorschläge ableiten zu können, ist es wichtig, die Leistung der Seite im Auge zu behalten. Facebook stellt dafür umfangreiche Statistik-Funktionen zur Verfügung. Neben Angaben zur Reichweite von Beiträgen und Interaktionen der User auf der Seite lassen sich detaillierte Aussagen bezüglich der Demographie der Fans treffen. Im Bereich „Statistiken > Personen" sind das Alter, das Geschlecht, das Herkunftsland und die Spracheinstellungen ersichtlich. Nicht nur die Facebook-Seite, sondern auch die Leistung der Werbeanzeigen sollte gemessen werden. Facebook bietet dafür wiederum gute Möglichkeiten, den Verlauf der Kampagne zu überwachen. Neben der Reichweite, der Klickrate und den Gesamtausgaben werden die erreichten Handlungen und die durchschnittliche Anzahl, mit der die Anzeige einer Person angezeigt wird, dargestellt. Die Statistiken können als xls- oder csv-Datei exportiert werden.

Erfolgreiche Facebook-Seiten brauchen Zeit, denn der Aufbau einer Community geschieht nicht von heute auf morgen. Mit viel Fleiß und den oben genannten Tipps wird Ihre Seite allerdings schon bald sichtbare Erfolge erzielen!

2.4.7 Der richtige Content im Social Media Marketing – so geht Kommunikation

Nichts hat in letzter Zeit im gesamten Web so sehr an Bedeutung gewonnen wie das Wort Content. Unter der mittlerweile ausgelutschten Prämisse „Content is King" wird veröffentlicht, was sich nur irgendwie in viele Buchstaben verpacken lässt und meist von niemandem gelesen wird, außer von den Seitenbetreibern oder Autoren selbst. Grund dafür ist, dass viele Verantwortliche, auch im Social Media Marketing, bestenfalls halbherzig arbeiten oder niemals richtig vorbereitet wurden auf ihren Job.

Was ist eigentlich Content?
Unter Content im Bereich Social Media Marketing versteht man alle veröffentlichten Inhalte, die für die erfolgreiche Umsetzung der Marketingziele von Bedeutung sein können. Dies können Informationen in Textform, Bilder, Videos aber auch Umfragen oder Gewinnspiele sein. Hierbei muss es sich nicht immer um bahnbrechende News handeln, auch altbekannte Informationen oder Dinge, die grad mal eben passiert sind, können so vermittelt werden, dass sie die Zielgruppe zum Lesen animieren und zur Kommunikation auffordern. In sozialen Netzwerken erfüllt der Content eine wesentliche Aufgabe, er ist das wichtigste Mittel zur Kommunikation. Reine Verkaufspostings, das einseitige Anpreisen von Produkten oder Dienstleistungen führen dazu, dass sich Fans abwenden und Postings schlichtweg nicht mehr lesen. Diese Tatsache führt zu toten Fanseiten, auf denen keinerlei Interaktion oder Kommunikation mehr stattfindet.

Es gibt kein gut oder schlecht – es gibt nur den richtigen Content!
Stellen wir hier einmal ganz spektakulär die These auf, dass es „den guten Content" eigentlich gar nicht gibt. Gut ist nämlich eine Sache des Geschmacks, des ganz persönlichen Empfindens, abhängig vom Befinden des jeweiligen Lesers, des Themas, der Uhrzeit und weiterer zahlreicher Faktoren. Was wir im Social Media Marketing brauchen, ist ganz einfach Content, der erfolgreich unsere Zielgruppe erreicht, Content, der Kommunikation und Reaktion auslöst, kurz gesagt: Content, der interessante Inhalte aufweist und passgenau für eben diese Zielgruppe veröffentlicht wird. Wer Sympathien für sein Unternehmen wecken will, muss auch möglichst sympathisch wirken – spontane Posts, die lebendig wirken, menschliche Reaktionen und ein aktives Miteinander mit den Fans sind die besten Voraussetzungen dafür.

Was könnte für meine Zielgruppe interessant sein?
Gut gemischt ist halb gewonnen – die Kommunikation im Social Web ist von verschiedenen Faktoren abhängig. Einer dieser Faktoren ist die Zielgruppe selbst. Hier bestimmen zum einen die demografische Zusammensetzung (Altersstruktur), aber auch ihre Ausrichtung zum Unternehmen die Wahl des relevanten Contents und seine Form. Während nämlich potentielle Käufern eher die News zum neuesten Produkt interessieren, sind für Geschäftspartner oder auch Investoren tiefergehende Informationen zum Unternehmen von Bedeutung, wie beispielsweise Termine für Messen oder Firmenpräsentationen.

An dieser Stelle ist es beim Social Media Marketing vor allem wichtig, für die Zielgruppe auf der Facebook-Unternehmensseite das gesunde Mittelmaß zu finden und dabei die strategischen Ziele, die man auf Plattformen wie Facebook oder Twitter verfolgt, nicht aus den Augen zu verlieren. Wichtig ist es, eine Mischung zu finden aus aktuellen, interessanten Informationen und Ereignissen, sowie (werbenden) Unternehmenspostings.

Themen finden und punkten
Themen für Postings finden Sie heutzutage überall. Dies können Mitteilungen aus dem Unternehmen sein, tagesaktuelle News aus Bereichen, für die sich Ihre Fans interessieren, aber auch mal ganz allgemeine Fragestellungen. Nehmen wir als Beispiel die Facebook-Fanseite eines Modeshops. Neben Informationen zum eigenen Angebot, Preisnachlässen, Sonderaktionen oder zu neu eingetroffenen Artikeln interessieren die Leser oft auch Klatsch und Tratsch aus der Modewelt, Tipps zum Styling oder Termine von Modenschauen. Aufgepeppt mit Fragen zum Urlaubsoutfit oder zum persönlichen Lieblingskleidungsstück entstehen anregende Unterhaltungen, auch innerhalb der Fangruppe. Für die Recherche der Themen bieten sich Google, die Google-News, aber auch die Printmedien und Magazine an.

Wie gute Inhalte zum richtigen Content werden
Relevante Inhalte werden erst durch die passende Verpackung zum richtigen Content. Im Bereich des Marketings in sozialen Netzwerken heißt das nichts anderes, als dass man sich den Gegebenheiten des jeweiligen Netzwerkes und den Vorlieben seiner dortigen Nutzer beziehungsweise Fans anpassen muss. So legen die Nutzer sozialer Medien keinen großen Wert auf umständliche langatmige Umschreibungen. Sie suchen Informationen, die genau ihre Fragen beantworten und das in kürzester Zeit oder möchten zu bestimmten Themen ganz einfach nur kommunizieren, in ihrem eigenen Stil. Dies bedeutet für den Betreiber der Fanseite eines Unternehmens, dass er in der Lage sein muss, wichtige Informationen mit wenigen Worten so zu verfassen, dass sie den Nutzer auch erreichen und ansprechen, ihn zu einer Reaktion veranlassen. Wer es schafft, sich nicht nur bei der Themenfindung, sondern auch bei der Wahl seiner Sprache gekonnt in die Zielgruppe hineinzuversetzen, wird seine Fans, Follower und potentielle Kunden auch im Social Web erreichen. Entscheidend ist es, dass Sie als Unternehmen dabei den Fokus nicht auf die Suchmaschine richten, sondern Content für Ihre Leser produzieren.

Die Sprache sollte dabei möglichst locker sein, unverkrampft und dennoch dem jeweiligen Anliegen entsprechend Emotionen wecken. Oftmals ist die Art und Weise, wie man Informationen an die Fans weitergibt, nicht nur von der relevanten Zielgruppe, sondern auch noch von der Zeit abhängig. So wissen wir heute, dass besonders an Wochenenden und am Feierabend viele Menschen einfach nur noch abschalten wollen. Das sind Zeiten, in denen sich Nutzer sozialer Netzwerke keinen sportlichen Denkaufgaben mehr widmen wollen. Auch bei der Informationsbeschaffung wollen sie sich dann eher „berieseln" lassen als lästige Diskussionen zu führen. Für Unternehmen bedeutet dies, dass sie dann besser auf ellenlange Abhandlungen oder Produktbeschreibungen verzichten sollten und stattdessen mit einem informativen Video oder einer erklärenden Slideshow punkten können.

Der Redaktionsplan
Haben Sie nun intern alle relevanten Themen geklärt, ist es ratsam, diese in einem Redaktionsplan festzulegen. Der Redaktionsplan dient der internen Koordination aller Themen und Zuständigkeiten. Geplante Themen werden Woche für Woche eingetragen. Somit lau-

	Thema	Artikel	Autor	Blog	FB	Newsletter	Deadline	Online	Freigabe	Status
KW 4	Garten		Dfu	Ja	Ja	Nein	19.01	23.01	Mks	Veröffentlicht
KW 5	Haus		Pbh		Ja		22.01	26.01	Mks	Bearbeitung
KW 6	Energie		Rhs	Ja	Ja	Ja	29.01	03.02	Mks	Planung

Abb. 2.16 Beispiel Redaktionsplan für das Thema Haus & Wohnen

fen Sie nicht Gefahr, dass Sie plötzlich keine Themen zur Kommunikation auf Lager haben und anschließend die Kommunikation zur Community abbricht. Der Redaktionsplan ist hilfreich für alle Beteiligten, denn jeder weiß genau, zu welchem Zeitpunkt welches Thema online kommuniziert wird und wer für die nötigen Informationen zuständig ist. Der Redaktionsplan ist somit ein hilfreiches Instrument in der Planung und ebenso wichtig, um die Zusammenarbeit aller Beteiligten zu erleichtern. Natürlich lassen sich spontane und aktuelle Themen nicht planen. Die Themenfestlegung dient als Grundlage. Spontane und aktuelle Themen werden zwischen den festgelegten Themen im Redaktionsplan veröffentlicht. Ein Lehrling hat den Abschluss mit ausgezeichneten Erfolg absolviert? Das lässt sich nicht im Vorfeld planen. Die Messetermine sowie Themen rund um das Produkt allerdings schon. Es empfiehlt sich bei der Erstellung des Redaktionsplans zuerst mit den Terminen anzufangen. Jedes Unternehmen hat Fixtermine wie Messen etc. Im nächsten Schritt können die Themen rund um das Produkt/Unternehmen sowie kreative Kampagnen eingeplant werden.

Diese Punkte sollten in einem Redaktionsplan unbedingt vorhanden sein (vgl. auch ◉ Abb. 2.16):

- Kategorien/Themen: Welcher Artikel handelt von welchem Thema?
- Zuständigkeiten: Wer ist der Autor und wer ist anschließend für die Freigabe zuständig? Gibt es Bilder? Wenn ja, wer liefert diese?
- Veröffentlichung und Deadline: Wann wird der Artikel veröffentlicht und wie viele Tage davor muss der Inhalt geliefert werden, um diesen zeitnah zu überprüfen und anschließend freizugeben?
- Kanäle: Auf welchem Kanal wird der Artikel veröffentlicht und in welcher Reihenfolge (Blog/Facebook/Twitter etc.)?
- Status: In welcher Prozessstufe befindet sich der Artikel aktuell? An dieser Stelle könnte man drei Stufen festlegen: In Bearbeitung, In Prüfung, Veröffentlicht

Fassen wir all das zusammen, so kommen wir zu dem Schluss, dass der richtige Content immer der sein wird, der sich entsprechend des gewählten Mediums so an die Zielgruppe richtet, dass diese im positiven Sinne gegenüber dem Unternehmen agiert. Die richtige

Wahl des passenden Contents führt dazu, dass Unternehmen mit ihrer Zielgruppe ein Gespräch führen, von dem beide Seiten gleichermaßen profitieren. Denn auch im Social Media Marketing lässt sich die richtige Wahl des Contents in absoluten Zahlen messen, die sich im Erfolg des Unternehmens widerspiegeln.

2.4.8 Krisenkommunikation – Kritik zu positiver PR wandeln

Der Umgang mit Social-Media-Krisen, oft auch als „Shitstorm" bezeichnet, stellt eine der größten Herausforderungen für Unternehmen im Social Web dar[3]. Bei Social-Media-Krisen teilen die Konsumenten negative Erfahrungen mit dem Unternehmen in den sozialen Netzwerken. Innerhalb kürzester Zeit verbreiten sich diese Informationen exponentiell, wodurch immer mehr Nutzer angeregt werden, ihre negative Einstellung zum Unternehmen in Form von Kommentaren, Beiträgen o.Ä. zu veröffentlichen. Diese Form der schnellen Verbreitung von Informationen kann mit der Verbreitung von Werbebotschaften im Viralen Marketing verglichen werden. Bei positiven wie auch bei negativen viralen Effekten verliert das Unternehmen die Kontrolle über die Kommunikation. Im Falle von Social-Media-Krisen ist es aber für Unternehmen erfolgsentscheidend, so schnell wie möglich wieder Herr der Situation zu werden.

Da Social-Media-Krisen mitunter einen irreversiblen erheblichen wirtschaftlichen Schaden im Unternehmen anrichten können, gilt es alles daran zu setzen, dass solche Situationen schlichtweg nicht entstehen. Äußert ein Kunde seine Kritik auf einer Social-Media-Plattform, ist er in der Regel bereits extrem verärgert. Die naheliegendste, wenn auch nicht einfachste Form der Prävention gegen Social Media Krisen ist, den Kunden so zu behandeln, dass er keinen Grund für negative Kommentare hat. Krisen können jedoch trotz noch so penibel durchdachter Prävention und Planung entstehen.

Als Unternehmen muss man sich über Problemfelder bewusst sein und diese von Anfang an offen kommunizieren. Themen wie Produktionsbedingungen oder Inhaltsstoffe in Produkten sind gefundenes Fressen für verärgerte Konsumenten. Bereits vor dem Launch von Social-Media-Auftritten sollte ein Krisenplan zurechtgelegt werden. Dieser Schritt gehört in die Planungsphase, wird aber sehr oft vergessen. Ein Krisenplan beinhaltet, welche Mitarbeiter im Fall einer Social-Media-Krise welche Aufgaben übernehmen, um die Situation so schnell wie möglich wieder unter Kontrolle zu bekommen. Außerdem muss festgelegt werden, wie auf negative Kommentare oder Beiträge zu Problemfeldern reagiert wird. Ein fundierter Krisenplan ist im Krisenmanagement das A und O.

Um Social-Media-Krisen vorzubeugen, sollten außerdem Social Media Guidelines erstellt werden. Diese Guidelines legen fest, wie Mitarbeiter sich privat im Netz verhalten sollen. Denn auch negatives Verhalten von Dienstnehmern, die mit dem Unternehmen in Verbindung gebracht werden können, kann eine Social-Media-Krise auslösen und das Image schädigen.

---

[3] Weiterführende Informationen unter Henning-Thurau, et al. (2012), Regenass (2013), Webcommunitymarketing (2011), Colón (2011), Clifford (2009), Agnes (2012)

Welche Auswirkungen ein eskalierter Shitstorm auf das Unternehmen haben kann, zeigen die folgenden Beispiele von Nestlé und Dell:

> **Beispiel**
>
> Im Jahr 2010 stellte Greenpeace Nestlé in einem YouTube-Video an den Pranger. Nestlé wurde vorgeworfen, für die Produktion des Schokoriegels KitKat Palmöl zu verwenden, für das Teile des Regenwaldes gerodet werden müssen, wodurch der Lebensraum von Orang-Utans bedroht wird. Das YouTube-Video von Greenpeace parodiert eine Werbekampagne von Nestlé. Ein Angestellter beißt genüsslich in ein Stück KitKat. Daraufhin läuft ihm plötzlich Blut aus den Mundwinkeln, denn das KitKat entpuppt sich als haariger Finger eines Orang-Utans. Der Mann wischt sich über den Mund und kaut genüsslich weiter. Neben dem besagten Video lancierte Greenpeace eine weltweite Kampagne gegen Nestlés KitKat. In dieser Situation beging Nestlé einen entscheidenden Fehler: Nestlé ließ das Video von der Plattform entfernen, wodurch der Shitstorm erst so richtig in Gang kam. Das Video wurde mehrfach wieder hochgeladen, unter anderem auch auf die Plattform Vimeo. Die Facebook-Fanseite von Nestlé wurde von negativen Kommentaren von Konsumenten überhäuft, worauf das Unternehmen die Seite einfach abschalten ließ. Diese nicht gerade vorbildliche Reaktion führte zu einem massiven Reputationsabsturz.

> **Beispiel**
>
> Ein weiteres Negativbeispiel im Umgang mit Social-Media-Krisen ging als „Dell Hell" in die Geschichte ein. 2004 schreibt der Blogger und Journalist Jeff Jarvis einen Beitrag über seine negativen Erfahrungen mit den Produkten und dem Kundenservice von Dell. Der Computerhersteller ignoriert diesen Beitrag im Glauben, dass ein Blogger allein nicht viel anrichten kann. Jeff Jarvis ist jedoch nicht der einzige, der mit Dell unzufrieden ist. Die Story des Bloggers wird viral und viele Kunden lassen ihrer Meinung zu Dell ebenfalls freien Lauf. Den größten Fehler, den Dell in dieser Situation machen konnte, war die Bedürfnisse und Meinungen der Konsumenten gegenüber dem Unternehmen nicht ernst zu nehmen. Dell unterschätzte die Macht eines einzelnen Kunden vollkommen. Die Folge: Das Image des Unternehmens wird stark geschädigt, Verkäufe und Aktienkurse sinken und Michael Dell übernimmt wieder die Unternehmensführung.

Glücklicherweise gibt es auch positive Beispiele, die den vorbildlichen Umgang mit Social Media Krisen zeigen:

> **Beispiel**
>
> Zwei Mitarbeiter der internationalen Schnellrestaurantkette Domino's Pizza veröffentlichen 2009 ein Video auf YouTube, in dem zu sehen war, wie die Angestellten bei der

Zubereitung eines Sandwiches sichtlich jegliche Hygiene-Standards missachteten und widerliche Aktionen mit den Zutaten tätigten. Wie man sich vorstellen kann, verbreitete sich dieses Video innerhalb kürzester Zeit im Internet und bescherte Domino's Pizza eine der bekanntesten Social-Media-Krisen in den letzten Jahren. Die Verantwortlichen reagierten glücklicherweise umgehend und erstellten einen Twitter Account, um auf die verärgerten Kundenmeinungen antworten zu können. Ein entscheidender Schritt in dieser unglücklichen Lage war die Veröffentlichung einer offiziellen Stellungnahme des CEO zum Mitarbeitervideo. Darin entschuldigt sich der CEO für den Zwischenfall und versicherte, dass die beiden Mitarbeiter gekündigt wurden und zur Rechenschaft gezogen werden. Außerdem würden in Zukunft die Hygiene-Standards in den Restaurants erhöht und überprüft, um beste Qualität zu garantieren. Auch das Image von Domino's Pizza wurde durch die Krise beschädigt, jedoch lange nicht in dem Ausmaß, in dem es zerstört werden hätte können.

Domino's Pizza geht sogar noch einen Schritt weiter und nimmt die Krise zum Anlass um die Meinungen der Kunden zu berücksichtigen. Die Kampagne „Pizza Turnaround" wurde ins Leben gerufen. Die Rezepte und die Zubereitung der Pizzas wurden vollkommen erneuert und Kundenbewertungen wurden ernst genommen. Zusätzlich wurde der Hashtag #newpizza ins Leben gerufen und konsequent eingesetzt sowie ein Pizza Tracker auf der Website installiert, mit dem der Fortschritt der Pizzalieferung verfolgt werden kann.

Was können wir von diesen Beispielen lernen? Für Unternehmen ist es erfolgsentscheidend, auf negative Kommentare schnellstmöglich zu antworten, um den Konsumenten zu besänftigen und einen Shitstorm zu verhindern. Nicht immer steht eine Lösung sofort zur Verfügung, daher ist in solchen Situationen ein „Wir werden uns darum kümmern" angebracht. Dadurch fühlt sich der User ernst genommen und das Unternehmen zeigt, dass nach einer Lösung für das Problem gesucht wird.

Das oberste Gebot im Krisenmanagement lautet: niemals Kritik löschen! Hierfür gibt es nur eine einzige Ausnahme: Rassistische oder ethische Beleidigungen. Kommentare dieser Art sollten keinesfalls geduldet, sondern umgehend entfernt werden. Wichtig ist hier jedoch, in einem Kommentar zu erklären, warum dieser Beitrag gelöscht wurde. Wird man mit Kritik konfrontiert, sollte man stets sachlich bleiben und transparent an einer Lösungsfindung arbeiten. So kann der optimale Umgang mit negativer Kritik zu positiver PR umgewandelt werden.

Zusammengefasst sollten bei negativer Kritik folgende Punkte beachtet werden:

- Handelt es sich um rassistische, ethische, o.ä. Beleidigungen?
  - Wenn ja, Kommentar umgehend entfernen und in einem Statement die Löschung des Beitrages begründen
- Kritik anderer als oben genannter Art niemals löschen
- Bei unberechtigter Kritik Fakten richtigstellen
- Bei berechtigter Kritik nach einer Lösung des Problems suchen

- Was wurde im Krisenplan für die Situation festgelegt?
- Wer ist für die Problemlösung verantwortlich?
- Kritik der User am Unternehmen oder Produkt immer ernst nehmen
- Zeitnah antworten, wenn auch vorübergehend nur mit dem Hinweis, dass an einer Lösung des Problems gearbeitet wird
- Auch bei äußerst provokanten Kommentaren ruhig und sachlich bleiben
- Den Problemlösungsprozess stets transparent halten

Um jegliche Kritik in der großen Welt des World Wide Webs zu erfassen, muss intensives Monitoring betrieben werden. Alert-Dienste können dabei eine große Hilfe sein. Jedes Mal wenn das Unternehmen oder die Marke in einem Blog, einem Kommentar o.Ä. erwähnt wird, erfolgt eine Benachrichtigung. Dadurch behält das Unternehmen stets den Überblick, wie die Konsumenten im Web über das gesamte Unternehmensumfeld sprechen. In diesem Punkt hat Nestlé einiges von der Palmöl-Krise gelernt: Seit 2012 ist ein Digital Acceleration Team, also ein Team für digitale Beschleunigung, auf großen Flatscreens damit beschäftigt, die wichtigsten Nestlé-Marken zu beobachten. Tritt ein akutes Problem auf, steht sogar ein Fernsehstudio nebenan zur Verfügung, um unmittelbar und persönlich auf die Kritik reagieren zu können. Eine derartige Krise, wie sie 2010 geschah, soll dadurch verhindert werden.

2.5 Die Umsetzung und der laufende Betrieb

2.5.1 Integration von Social Media Marketing in die bestehenden Unternehmensprozesse

Wie sollte man Social Media Marketing im Unternehmen integrieren?
Wie wir bereits wissen, werden Unternehmen, die Erfolg haben wollen, nicht mehr ohne Social Media Marketing auskommen. Um Kunden nicht nur zu informieren, sondern im Gegenzug auch Kundenmeinungen für die Wertschöpfung innerhalb des Unternehmens nutzen zu können, ist die kompetente Umsetzung der Social-Media-Marketing-Strategien von größter Bedeutung. Hierzu muss Social Media Marketing fest im Unternehmen selbst integriert werden. Der Einsatz einer externen Social-Media-Agentur oder eines externen Social-Media-Marketingexperten erfolgt immer mit dem Ziel, dass das externe Eingreifen schlussendlich beratend oder gegebenenfalls berichtigend stattfindet. Die relevanten Informationen und Impulse müssen aus dem Unternehmen selbst heraus kommen.

Welche Aufgaben kann der externe Social-Media-Marketing-Berater dabei übernehmen?
Der externe Berater bzw. Consultant wird es zunächst sein, der Ihnen, Ihrem Unternehmen und vor allem Ihrer Marketingabteilung aufzeigen wird, welchen Stellenwert Social Media Marketing in Ihrer Branche bereits hat und welche Wettbewerbsvorteile Sie damit

erzielen können. Er wird es auch sein, der das notwendige Know-how in Ihr Unternehmen einbringen wird, Mitarbeiter schult und diese auf die kommunikativen Aufgaben im Bereich Social Media vorbereitet. Aber nicht jeder Bereich des Social Media Marketing lässt sich einfach outsourcen. Fachliche Bereiche, wie das Recruiting oder der Kundensupport, bedürfen einfach zu viel firmenspezifischen Wissens, um es ausschließlich in externe Hände zu geben. Hier kann von Seiten des internen Social-Media-Marketing-Verantwortlichen (Social Media Coordinator) lediglich koordiniert und vom externen Consultants strategisch beraten und korrigiert werden.

Was ich hier anmerken möchte: wenn Sie sich einen Berater für diese Aufgabe suchen, nehmen Sie sich einen Digital Native dazu und keinen Digital Immigrant. Vergleichen Sie es einfach mit der Fußball-Bundesliga. Wenn Sie in der Spitzengruppe mitspielen wollen, brauchen Sie einen Trainer, der Bundesliga-, wenn nicht sogar Champions-League-Erfahrung hat. Ich habe noch keinen Bundesligaverein gesehen, der sich einen Amateurtrainer holt.

Struktur von Social-Media-Konzepten in Unternehmen
Für die Organisation der Social-Media-Marketing-Aktivitäten in Unternehmen ist es notwendig, erfolgversprechende Konzepte für alle relevanten Unternehmensbereiche zu erstellen und auch in den einzelnen Bereichen entsprechend verantwortliche Mitarbeiter einzusetzen, sowie diese zu schulen. Die Koordination der jeweils wichtigen Schritte erfolgt von einem internen Mitarbeiter der Marketingabteilung, bei dem alle Fäden zusammenlaufen (vgl. ⊙ Abb. 2.17). Unter Anleitung und mithilfe des externen Beraters wird dieser

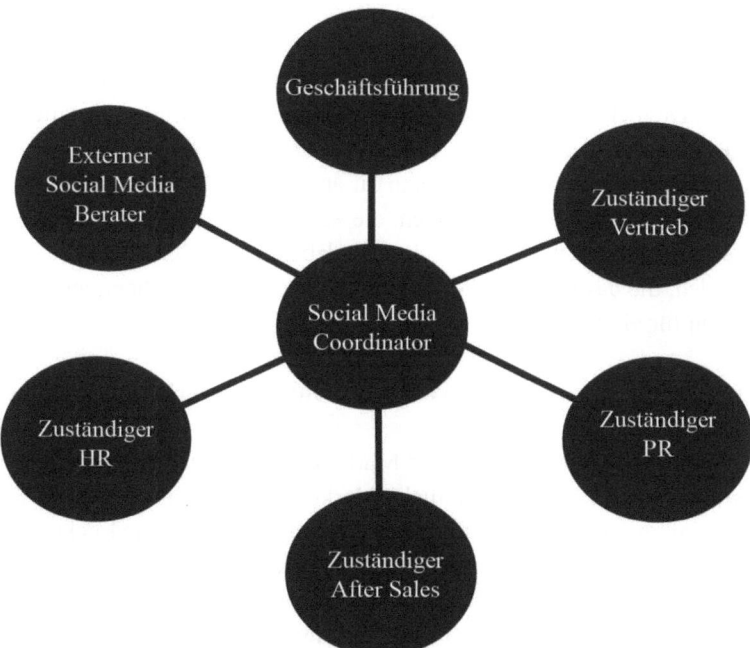

Abb. 2.17 Social Media Zuständigkeiten im Unternehmen

dann in die Lage versetzt, die Möglichkeiten des Social Media Marketing zu nutzen und relevante Daten und Statistiken für das Unternehmen auszuwerten.

Hierbei ist es wichtig, dass Kommunikationswege reibungslos funktionieren, Ihre Neuigkeiten die Zielgruppe schnell erreichen und vor allem Feedbacks zeitnah ausgewertet werden. Nur so ist es möglich, den erwarteten und angestrebten Nutzen aus dem Social Media Marketing zu ziehen. Dieser kommunikative Prozess muss in beide Richtungen gleichermaßen funktionieren. Informationen aus dem Unternehmen werden über Social-Media-Kanäle an die Zielgruppe geleitet, wo sie Reaktionen oder Aktionen hervorrufen, die für die zuständigen Bereiche von Bedeutung sein können. Entscheidend für den Erfolg der Maßnahmen im Bereich des Social Media Marketings ist die innerbetriebliche Koordination durch einen internen kompetenten Mitarbeiter unter Anleitung eines Experten oder Consultant, der ihm beratend bei der Entwicklung und Umsetzung von Strategien zur Seite steht. Auf diese Weise können die Rückkopplungen aus den Social-Media-Kanälen zu Erkenntnissen führen, die letztlich für die Verbesserung oder Anpassung von Dienstleistungen und Produkten herangezogen werden.

2.5.2 Was wird bei all dem Social Media aus meinen bisherigen Kunden?

Eine ernstzunehmende Frage ist es immer wieder, wie man als Unternehmen seine bisherigen Kunden im Social Media Marketing einbinden kann, sie für das multimediale Bild des Unternehmens interessiert und sie als langfristige Kunden auch zu Fans und Meinungsmachern in sozialen Netzwerken macht.

Zufriedene Kunden sind das Aushängeschild eines jeden Unternehmens, ebenso wie zufriedene Mitarbeiter. Deshalb ist es von großer Bedeutung, eben diese Kunden in Fans umzuwandeln. Da nicht jeder Kunde über das Internet zu uns findet, gestaltet es sich mitunter schwierig, selbst zufriedene und immer wiederkehrende Kunden zu Bewertungen im Internet oder zum Liken von Fanseiten zu animieren. Die Gruppe der modernen Internetnutzer unter den Kunden, diejenigen, die zumeist mit ihren Smartphones unterwegs sind und dies auch explizit nutzen, erreicht man dabei noch am einfachsten. Aber auch alle anderen Kunden, die das Internet eher sporadisch und zumeist daheim am stationären PC nutzen, können für ein Unternehmen von positivem Nutzen sein.

Print ist nicht tot – Verknüpfung von traditionellem Marketing mit Social Media Marketing
Betreiben Unternehmen auch zunehmend Marketing in sozialen Netzwerken, so bedeutet dies keinesfalls, dass sie auf herkömmliche Marketingmethoden verzichten. Ein Großteil der Kunden wird immer noch via traditionellen Flyern, Inseraten, gedruckten Broschüren, Werbeprospekten, Hauswurfsendungen, großflächigen Plakaten, sowie Rundfunk- und Fernsehwerbung erreicht. Will man diese Kunden zu Fans machen, ist es erst einmal logisch, dass man sie auf die Fanseiten beziehungsweise Unternehmensprofile in sozialen Netzwerken aufmerksam macht. Dabei ist es wichtig, dass die Unternehmensseite bei-

spielsweise bei Facebook kurz und knackig benannt ist. Kurze URLs prägen sich besser ein und werden auch häufiger „zum ersten Mal" aufgesucht, als die normalerweise bei Facebook vergebenen unendlich langen Namen der Nutzerseiten im Format www.facebook.com/pages/name/11xxxxxxxxxxxx. Allein, die Tatsache, dass sich kaum ein Mensch eine solche URL merken kann, zwingt ein Unternehmen dazu, mit sogenannten Vanity-URLs zu arbeiten. Dies sind kurze und einprägsame URLs, die auch in traditionellen Werbemitteln verwendet werden können, um auf die vorhandenen Fanseiten aufmerksam zu machen. Mithilfe einer Vanity-URL wird aus Ihrer langen Facebook-URL eine schöne kurze und aussagekräftige Facebook-Adresse im Format www.facebook.com/name.

Eine weitere Möglichkeit ist die Verwendung von QR-Codes. QR-Codes sind 2D-Codes, die aus einer quadratischen Matrix aus schwarzen und weißen Punkten bestehen und kodierte Informationen enthalten. Eine spezielle Fehlerkompensation macht es möglich, dass ein Code selbst dann noch gelesen werden kann, wenn 30 % des Codes zerstört sind. In der Praxis werden QR-Codes verwendet, um Informationen wie Webseiten, Telefonnummern oder Zugangsdaten schnell verfügbar zu machen. Lesen kann man QR-Codes mit Hilfe einer speziellen kostenlosen App am Smartphone oder Tablet. Anbieter solcher QR-Code Reader gibt es viele, die Anwendung ist meist dieselbe: Einfach die App starten und die Kamera des Endgerätes auf den QR-Code halten. Sobald der Code erkannt wurde, zeigt die App die darin enthaltenen Informationen an.

Beim Einsatz von QR-Codes sollten einige Punkte beachtet werden: Der Nutzer sollte informiert werden, was sich hinter dem QR-Code befindet. Dadurch kann die Neugierde geweckt und ein Anreiz zum Scannen des Codes geschaffen werden. Nutzer werden den QR-Code nur scannen, wenn die Informationen einen Mehrwert für sie darstellen. Unerlässlich ist außerdem, dass die angebotenen Inhalte für alle mobilen Endgeräte optimiert sind. Bei der Verwendung von QR-Codes auf Plakaten spielt die Positionierung eine entscheidende Rolle, da sich der Code in einer angenehmen Höhe befinden sollte.

So funktionierts:

Damit Sie QR-Codes scannen können, müssen Sie sich einmalig einen QR-Code Scanner/Reader downloaden. Anschließend können Sie damit, die QR Codes scannen und die dahinterliegenden Informationen abrufen (Website/Video/etc.) Probieren Sie es doch gleich aus! Was sich wohl hinter unseren QR-Codes befindet? (vgl. ⊙ Abb. 2.18)

Mit dieser Facebook-Adresse können Sie beispielsweise Kunden auffordern, Ihnen auch in sozialen Netzwerken zu folgen, um kein Sonderangebot mehr zu verpassen oder am nächsten Gewinnspiel teilnehmen zu können, Firmennews immer aus erster Hand zu erfahren oder einfach einen kürzeren Draht zum Kundenservice zu haben. Eine weitere Möglichkeit bieten die QR-Codes (vgl. ⊙ Abb. 2.17), sie lassen sich mit einem handelsüblichen Smartphone gleich an Ort und Stelle auslesen und leiten den Kunden auf die entsprechende Seite im Internet weiter. QR-Codes und Vanity-URLs lassen sich aber nicht nur auf Flyer drucken, sondern können ebenfalls auf Verpackungen aufgebracht werden.

Damit Ihre Kunden die Möglichkeiten im sozialen Netzwerk auch nutzen und zu Ihren Fans werden, können Sie den Kauf eines Produkts zum Beispiel mit Zusatzangeboten im Onlinebereich verknüpfen. So ist es sinnvoll, beim Verkauf von Küchengeräten vielleicht

Abb. 2.18 Beispiele QR-Codes

Rezeptesammlungen oder Anregungen in der Online-Community bereitzustellen, oder darauf hinzuweisen, dass auf der Facebookseite wöchentlich ergänzende Artikel vorgestellt oder zu besonderen Rabatten angeboten werden.

Wichtig ist natürlich bei der Generierung von Fans aus Ihrem Kundenkreis heraus auch an dieser Stelle die natürliche Kommunikation mit Ihren Kunden. Damit ein Kunde zum Fan wird und dies auch bleibt, damit er Sie und Ihr Unternehmen besten Gewissens weiterempfiehlt, ist es notwendig, ihm jeden Tag das gute Gefühl zu geben, das er an dem Tag hatte, an dem er sich entschied Ihr Kunde zu werden.

2.5.3 Social Media Monitoring- das Verhalten des Kunden verstehen

Social Media – diese Bezeichnung ist vielen in der schnelllebigen Welt der Computer und Telekommunikation ein Begriff. Die Sozialen Medien bestimmen zum größten Teil unser Leben und beeinflussen unsere Denkweise und auch unser Kaufverhalten massiv. Um das Kaufverhalten des Kunden aktiv beeinflussen zu können, gibt es Social Media Monitoring.

Was ist Social Media Monitoring?
Social Media Monitoring bezeichnet die kontinuierliche und systematische sowie typenspezifische Suche, Erhebung und Aufbereitung von Daten und Inhalten aus den sozialen Netzwerken, wie beispielsweise Facebook.

Social Media Monitoring zielt darauf ab, einen Überblick durch Organisation unterschiedlicher Daten in Bezug auf Markttrends zu bekommen. Dabei wird der eigene Markt betrachtet und gleichzeitig auch angrenzende Märkte, die relevant erscheinen können.

2.5 Die Umsetzung und der laufende Betrieb

Social Media Monitoring wird kontinuierlich durchgeführt, was es von anderen Marktanalysen unterscheidet. Social Media Monitoring wird meist nur von Unternehmen und Marketing-Agenturen verwendet. Aber auch für politische Parteien sowie Verbände kann Social Media Monitoring nützlich sein. Es wird dazu verwendet

- Meinungen
- Kritiken
- Anregungen zu Produkten und Dienstleistungen einzuholen.

Wie wird Social Media Monitoring betrieben?
Um Social Media Monitoring zu betreiben, stehen einzelne kostenlose oder kostenpflichtige Werkzeuge zur Verfügung. Die Werkzeuge bekommen Nutzer zahlreich im Internet zu kaufen. Wir kommen später noch einmal auf die Tools zurück.

Warum ist das Social Media Monitoring wichtig?
Betrachtet man das heutige Konsumdenken vieler Bürger, wird man schnell feststellen, dass neue Produkte von Kunden gerne angenommen werden. Hier wird erst einmal die Bedeutung des Social Media Monitoring offensichtlich. Doch warum ist das Social Media Monitoring wichtig?

Grundsätzlich lautet die erste Regel in den Sozialen Medien „Augen offenhalten". Denn es ist immer wichtig zu wissen, was im Internet und in den sozialen Netzwerken über das eigene Unternehmen verbreitet wird und welche Zielgruppen sich über Produkte des eigenen Unternehmens unterhalten. Denn die Unterhaltung findet immer irgendwo statt, auch wenn man sich als Unternehmen heraushält. Beobachtet man diese Unterhaltungen im Netz, hat man die Möglichkeit, Kampagnen darauf abzustimmen oder zu verbessern. Zusätzlich ist das Monitoring wichtig, um neue Trends auf dem Markt zu erkennen und als Unternehmen entsprechend zu handeln. Viele Unternehmen greifen dabei zur Überwachung der Facebook-Aktivitäten, da sich hier die meisten Trends und Unterhaltungen analysieren lassen. Wir haben für Sie die besten Tools zusammengestellt:

SocialWebsiteAnalyzer
Dieses Tool durchsucht die 20 beliebtesten sozialen Netzwerke, darunter Foren, Communities, Facebook, Twitter und andere Websites nach einer bestimmten Website, die der Kunde im Vorfeld angeben muss. Damit lässt sich schnell und einfach ein Überblick über die Verbreitung der eigenen Website oder des Unternehmens im Netz überblicken. Ratsam ist es aber, die Ergebnisse am Ende zu überprüfen, da es vorkommen kann, dass das Programm eine falsche Verknüpfung erstellt.

Boardtracker
Dieses Tool ist besonders für Forenlandschaften geeignet. Meistens werden Foren nur sehr schwach von den meisten Social Web Monitoring Tools berücksichtigt. Vor allem aber im Technikbereich, Automobilbereich oder Gamingbereich ist das Durchsuchen der Foren

wichtig. Foren beherbergen jede Menge Kritiken, Meinungen und Kundenbeurteilungen, die dem Unternehmen sonst vorenthalten bleiben.

Socialmention
Bei diesem Dienst gibt es keine bestimmte Eingrenzung von Websites. Hier werden 80 unterschiedliche Seiten und Dienste im Social-Media-Bereich durchleuchtet. Durchsucht werden klassische Blogs, Newsseiten, Twitter und zahlreiche Communities wie Facebook oder YouTube. Kunden bekommen so einen umfassenden Überblick, wo genau wie viel über das eigene Unternehmen gesprochen wird. Dementsprechend groß fallen jedoch auch die Analysemöglichkeiten aus.

Addictomatic
Dieses Tool durchsucht eine Vielzahl von sozialen Netzwerken auf die gewünschten Begriffe des Kunden. Jedoch sollte man auch hier einige Male die Ergebnisse per Hand überprüfen, um die Tiefe der Analyse besser zu überblicken.

tagboard.com
Dieses Tool hat sich ganz den Netzwerken Twitter, Facebook und Co. verschrieben und durchsucht diese nach Stichwörtern und Schlagwörtern, die der Kunde selber bestimmt. Die Suchqualität des Tools ist vollkommen zufriedenstellend und es kann für Unternehmen eine hilfreiche Möglichkeit sein, Kunden und Produkte genauer zu beobachten.

Wir haben darauf geachtet, dass alle hier aufgeführten Dienste kostenfrei im Internet nutzbar, sind -somit können Unternehmen überall die eigene Präsenz im Internet und beim Kunden überprüfen. Natürlich lassen sich mit diesen Tools auch einige Facebook-Aktivitäten überwachen, um die Zufriedenheit der Kunden genauer zu betrachten.

2.5.4 Worauf sollte man achten, wenn man sich Gedanken über kostenpflichtige Monitoring Tools macht?

Die sozialen Medien bestimmen mittlerweile nicht nur unser Leben und beeinflussen unsere Denkweise, sondern sie haben auch die Kommunikation zwischen Unternehmen und Kunden grundlegend verändert. Die klassische One-Way-Kommunikation, die daraus bestand, dass Unternehmen nur über offizielle Kanäle, beispielsweise Webseiten oder Massenmedien, den Kontakt zu Kunden suchten, gehört bereits der Vergangenheit an. Heute haben Kunden wesentlich mehr Möglichkeiten, um mit Unternehmen in Kontakt zu treten. Wikis, soziale Netzwerke, Blogs, Foren und zahlreiche andere Medien ermöglichen einen schnellen und problemlosen Austausch. Internationale und mittelständische Unternehmen haben bereits festgestellt, dass man mit Social Monitoring das Kaufverhalten der Kunden verändern und beeinflussen kann, aber mit Social Monitoring können zusätzlich auch die Kommunikationswege verändert werden.

Gerade diese Entwicklung spielt für Unternehmen eine entscheidende Rolle, denn es eröffnet ihnen neue Handlungsfelder. Um die zahlreichen Möglichkeiten am besten nutzen zu können und gleichzeitig nicht alles aus den Augen zu verlieren, haben Unternehmen die Möglichkeit sich kostenpflichtige Social Media Monitoring Tools zunutze zu machen.

Worauf man bei der Nutzung von Social Media Monitoring Tools achten sollte
Kostenlose Social Media Monitoring Tools gibt es so einige im Web und regelmäßig sprießen neue aus dem Boden. Um auch die volle Reichweite der Tools nutzen zu können, sollten Unternehmen jedoch auf die kostenpflichtigen Social-Media-Monitoring-Tools zurückgreifen. Bei der Nutzung von kostenpflichtigen und auch kostenlosen Social Media Monitoring Tools sollten Nutzer einiges beachten, denn die Nutzung ist sowohl für große Unternehmen als auch für kleine bis mittelständige Unternehmen geeignet.

Unternehmen, die ein solches Tool nutzen wollen, sollten vorher ausreichend Erfahrung sammeln und sich über die Funktionen, die man benötigt, informieren. Es ist wichtig zu lernen, wie ein Social Media Monitoring Tool funktioniert und wie man die Analysen liest und versteht. Außerdem ist es wichtig die gesammelten Ergebnisse des Tools mit dem Unternehmen in Verbindung zu bringen, sonst sind die Ergebnisse und Analysen nicht auf dem Markt anzuwenden.

Bevor Unternehmen sich ein kostenpflichtiges Social Media Monitoring Tool zulegen, sollten sie noch einige Fragen beachten, um ein geeignetes Tool zu finden. Nutzer sollten sich bei der Findungsphase auf die folgenden Punkte konzentrieren,

- Reichen die angebotenen Darstellungsmöglichkeiten für die eigene Nutzung aus?. Dabei sollte man sich fragen, ob man als Unternehmen wissen will, was in den Sozialen Medien los ist, oder ob es reicht, allgemeine Infos über das eigene Unternehmen im Netz suchen zu lassen.
- Welche Quellenarten sollen beobachtet werden? Welche sind für die Analysen der Firma wichtig? Wie lange sollen Analysen gespeichert werden?
- Wer soll im Unternehmen auf das Monitoring Tool zugreifen können? Ist das Monitoring Tool nur für das eigene Interesse gedacht, oder sollen damit Dienstleisterrollen angeboten werden? All diese Dinge haben Einfluss auf Rollen-Rechte-Konstellationen und demnach auch auf den Preis.
- Wie qualitativ soll die Analyse und der Darstellung sein? Wie viele Analysen will man sich selber ansehen?
- Und zum Schluss sollte man wissen ob man mit dem Tool die Kanäle in den Sozialen Medien betreuen möchte.

Über die hier genannten Faktoren sollte vor dem Kauf eines Monitoring Tool entschieden werden und genau bedacht werden, denn sie wirken sich auf den Preis der Tools aus.

Unternehmen, die ein gutes und zuverlässiges Programm benutzen wollen, sollten zusätzlich auf folgende Merkmale achten.

- Gute Trefferquote und gute Abdeckung
- Differenzierter Suchalgorithmus
- Stabilität

- Usability (Benutzerfreundlichkeit)
- Mehrere User Accounts für Teamarbeit
- Möglichkeit, mehrere Suchanfragen zu vergleichen
- Abdeckung von Newsseiten, Blogs, Facebook, Twitter, YouTube

Einige Tools haben wir einmal etwas genauer betrachtet, um einen Vergleich der einzelnen Anbieter zu ermöglichen:

Engagor
Das Tool Engagor basiert auf einer englischsprachigen Seite und ist vor allem dazu gedacht, Blogs und Webseiten zu überwachen. In diesem Bereich liefert das Tool auch die besten Ergebnisse. Das Tool überwacht mithilfe eines Extrapakets auch die sozialen Netzwerke, wie Twitter und Co. Historische Daten werden dem Nutzer sofort nach Öffnung des Programms zur Verfügung gestellt. Das Tool bietet eine gute Lösung für das Monitoring, jedoch muss der Nutzer auch mit Einschränkungen leben. Die Flexibilität des Tools lässt beispielsweise noch Wünsche offen. Trotzdem besitzt es eine gute Stabilität und eine gute Trefferquote.

LexisNexis Analytics
Das Programm bietet alle Lösungen, die man sich für eine professionelle Analyse wünschen kann. Jedoch fehlt leider die Influencer-Analyse. Ansonsten bietet das Tool alles, was man für die Auswertung von Facebook, Twitter, Blogs und Newsseiten benötigt. Die Trefferquote ist gut und die Suchanfragen vielfältig.

Sysomos Heartbeat
Das Tool bietet seinen Kunden eine hervorragende Abdeckung sowie eine gute Trefferquote. Die benutzerdefinierten Benutzertools sind gut zu bedienen und ermöglichen eine individuelle Suche. Hinzu kommt eine einfache Bedienung und Verständnis für das Tool. E-Mail-Reports, Alert-Mails und Workflow-Funktionen wurden eindeutig verbessert. Die Überprüfung der sozialen Medien stellt keine Probleme dar.

Fazit: Die Social-Media-Monitoring-Tools können für Unternehmen, die Wert darauf legen, den Geschmack der Kunden zu treffen, wichtig sein. Dabei ist es vollkommen, egal ob das Unternehmen nun international agiert oder noch in der Startphase ist. Mit Social-Media-Monitoring-Tools lassen sich Kunden besser erreichen und Informationen besser vermitteln.

2.5.5 Wie messe ich den ROI meiner Social-Media-Aktivitäten?

Bevor ich mich im Unternehmen mit dem Thema „Erfolgsmessung" widme, sollte ich zuerst darüber nachdenken, ob meine Aktivitäten auf Social Media einer klar strukturierten Vision und Strategie folgen.

2.5 Die Umsetzung und der laufende Betrieb

Sehr viele Kennzahlen wie z. B. Reichweite steigern, Interaktion (Zielgruppe startet Dialog mit dem Unternehmen) lassen sich über die Statistiken, welche Facebook zur Verfügung stellt, messen.

Wenn es um Kennzahlen für die Leadgenerierung geht, kann man sehr gut die Ziele mithilfe von Google Analytics verfolgen und messen. (Wie viele Zugriffszahlen konnten generiert werden? Wie viele Kunden haben den Newsletter abonniert? Wie viele Kunden haben das Kontaktformular angefordert? etc.)

Aber nicht jedes Ziel lässt sich in Kennzahlen messen. Haben Sie für Ihr Unternehmen Ihre Ziele und Kennzahlen festgelegt, stellen Sie nun die Wertigkeit eines Ziels den Kosten gegenüber. Natürlich wäre es nun an dieser Stelle für einen Onlineshop-Betreiber einfach, die eingesetzten Kosten dem Umsatz vor und nach dem Einsatz von Social Media Marketing gegenüberzustellen. Um zu visualisieren, worauf ich eigentlich hinaus will, folgendes Beispiel:

Beispiel ist ein Möbelhersteller, der nicht genannt werden möchte um sich damit einen weiteren Wettbewerbsvorteil zu sichern:

- Möbelhersteller
- verkauft Luxusmöbel
- kaum bis wenig bekannt
- Traffic auf der eigentlichen Seite: gering
- Online-Shop nicht vorhanden!
- Kataloganforderungen: 40 im Monat
- Durchschnittswert bei Warenverkauf: 6500,-

Zusammen mit dem Geschäftsführer haben wir drei strategische Ziele wie folgt festgelegt:

1. **Markenbekanntheit steigern:** Communityaufbau, Interaktion und Reichweite meiner Inhalte auf der Facebook Seite wird mithilfe von Facebook Statistiken Tool gemessen.
2. **Traffic auf der eigenen Seite erhöhen:** Wie ist die Entwicklung des Traffic auf der Website des Möbelherstellers? Messung durch den Einsatz von Google Analytics
3. **Kataloganforderungen steigern:** Messung ebenfalls mithilfe von Google Analytics

Wie haben sich die Zahlen in den letzten sechs Monaten entwickelt?
Der Möbelhersteller hat durch eine intensive Planung Social Media ganzheitlich in die Unternehmensprozesse integriert. Die Mitarbeiter nutzen Social-Media-Kanäle weiteren Kommunikationskanal zu den Kunden. Der Möbelhersteller hat durch den Einsatz von Werbeanzeigen auf Facebook die von ihm definierte Zielgruppe erreicht und verzeichnet rund 25.657 Fans auf Facebook. Die Interaktion der Seite ist sehr hoch und die Beitragsreichweite geht weit über 35.789 User.

Der Traffic auf der Website des Herstellers hat sich um das Vierfache erhöht. Die Kataloganforderungen liegen aktuell bei 260 pro Monat. Der Messestand sieht völlig anders aus und ist besser besucht als je zuvor. Warum sieht der Messestand anders aus? Naja, ganz einfach, der Möbelhersteller glänzt mit seinen Produktbildern.

Produktbilder, welche auf der Facebook-Seite äußert hohe Interaktion ausgelöst hatten, wurden in die Print-Kommunikation übernommen und somit nutzen die Erkenntnisse aus der Zielgruppe auch offline. Ich glaube, an dieser Stelle muss ich den finanziellen Einsatz dem Return on Investment nicht gegenüberstellen.Sie sehen, verehrte Führungskraft, eine Social-Media-Strategie lohnt sich. Ein anderes kleines Beispiel: Ein Kollege von uns, Sebastian Quirmbach, ein Managementberater, hat sein neuestes Buch „Die Löwen-Liga: Wirkungsvoll führen" auf Facebook beworben. Eine Investition von rund 150 €. Ergebnis: Das Buch schoss noch vor Veröffentlichung bei Amazon in zwei Kategorien auf Platz 1 in den Bestsellerlisten. Kleiner Betrag = große Wirkung.

2.5.6 Influencer – Der mächtigste Vertrieb im Social Web

Der Begriff Influencer entstand im Jahre 2007 und bezeichnet Personen, die extrem hohes Ansehen in sozialen Netzwerken genießen (Wikipedia 2014b). In der Regel nutzen sie eigene Blogs, YouTube-Channels oder andere Instrumente, wo sie als Meinungsführer agieren. Ein Beispiel für einen Influencer kann zum Beispiel ein Sportler, Politiker oder eine Person sein, die sich aufgrund ihrer Kompetenz auf einem bestimmten Gebiet mit YouTube-Videos einen Namen bei Hunderttausenden Fans gemacht hat.

Sie haben es durch soziale Netzwerke geschafft, als Experten auf ihrem Gebiet wahrgenommen zu werden. Influencer dienen dem Marketing als Multiplikatoren und stärken die Reputation eines Anbieters. Produkte, Marken und Services lassen sich durch ihre Hilfe an ein breites Publikum transportieren, verhelfen zum schnellen Durchbruch und sichern so den Erfolg.

Gibt ein Influencer eine Empfehlung für ein Produkt, Service oder eine Marke ab, so vertrauen die Abonnenten auf diese Empfehlungen. Das Resultat: Es entsteht Interesse und Nachfrage.

Als Beispiel möchte ich kurz die Geschichte von Sami Slimani alias Herr Tutorial erzählen (Braun 2012). Sami Slimani eröffnete im März 2009 seinen ersten deutschen Account auf YouTube. Inspiriert wurde er damals von den ersten großen Erfolgen von YouTube-Gurus in den USA. In seinen 15-minütigen Videos spricht er über Beauty, Mode und Lifestyle.

Er hat für jede Alltagssituation eine Antwort und verzeichnet mittlerweile rund 1.169.565 (Stand Februar 2015) YouTube-Abonnenten, über 140.000 Twitter-Follower, über 200.000 Instagram-Follower und mehr als 400.000 Facebook-Fans und zählt somit zu den einflussreichsten und erfolgreichsten Videobloggern im deutschsprachigen Raum.

Es dauerte nicht lange, bis Pflegeproduktfirmen auf seinen Bekanntheitsgrad aufmerksam wurden. Diese Unternehmen sehen Sami Slimani als wesentlichen Influencer für ihre Produkte. Sie senden ihm Proben ihrer Produkte zu, damit er sie ausprobiert und in seinen Videos bewirbt. Beobachtungen zeigen, dass die gezeigten Produkte in seinen Videos meist wenige Stunden nach Erscheinen des Videos in den Online-Shops ausverkauft sind. Dieses Beispiel zeigt, wie wichtig Influencer für den Vertrieb von Produkten sein können.

Nur um eines klarzustellen: Influencer sind auch in der Generation Buchenau extrem wichtig. Nach wie vor ist ein gut gepflegtes Beziehungsmanagement die Basis für persönlichen und unternehmerischen Erfolg. Auch bei uns ist es wichtig, die Entscheider und Beeinflusser zu kennen. Der Unterschied zu Generation Y besteht eigentlich nur darin, dass sich das Betätigungsfeld der Influencer verschoben hat.

2.5.7 Reichweite vs. Offline-Vertrieb

Wenn Sie als Unternehmen jene Influencer in sozialen Netzwerken finden, die zu Ihrem Thema passen und diese von Ihren Produkten überzeugen können, werden Sie staunen, welche Reichweite Sie mit Ihren Produkten und Marketingbotschaften erreichen können. Mr. Tutorial ist ein Beispiel von vielen. Ein Praxis-Beispiel aus meinem privaten Umfeld:

November 2013: Sofern Sie Facebook privat bereits nutzen, kennen Sie die Situation, dass Sie eine Freundschaftsanfrage von jemanden erhalten, den Sie über die Jahre hinweg einfach aus den Augen verloren hatten. Wie es auf Facebook üblich ist, tauschten wir uns über alte Zeiten aus und berichteten einander, wohin sich alles in der Zwischenzeit entwickelt hat. Mein alter Freund befand sich gerade in einer Startup-Phase und erzählte mir von seinem Produkt und von der Frage, über welche Kanäle er sein Marketing aufbauen wird. Er ist wie ich in der Generation Internet aufgewachsen und ist sich bewusst, wie wichtig moderne Medien und Marketingformen sind. Ich habe ihm daraufhin von meinen Erfahrungen berichtet und wenige Tage später saßen wir in seinem Büro und legten die Strategie für die Online-Vermarktung seiner Produkte fest.

Ich habe mich auf die Suche nach potentiellen Influencern gemacht, welche wir für die Vermarktung der Produkte verwenden könnten. Da es sich das Produkt an die breite Masse richtet, gab es für diesen Themenbereich einige Blogs, Videoblogger auf YouTube und Facebook-Communitys. Wenn Sie glauben, diese Leute sind leicht zu kontaktieren oder warten nur darauf, für Produkte werben zu können, irren Sie. Als ich begonnen hatte, mit Influencern Marketingaktivitäten zu planen, musste ich bereits an ihrem Management vorbei. Ja, diese Leute haben alle ein eigenes Management. Unternehmen haben gelernt, wie wichtig Influencer für ihr Marketing sind und deshalb werden diese Leute täglich mit Nachrichten bombadiert, welche sie selbst gar nicht mehr managen können. Das Management wiegt vorher genau ab, ob das Produkt für die Zielgruppe geeignet ist oder nicht. Influencer genießen das Vertrauen ihrer Follower (Publikum). Es werden nur Produkte weiterempfohlen, die der Influencer selber für gut befunden hat. Das Risiko, durch minderwertige Produkte das Vertrauen und die eigene Authentizität an seine treuen Leser/Zuseher zu verlieren, ist zu hoch.

Mittlerweile hatte ich Strategien entwickelt, wie ich Influencer erreiche und diese anschließend vom Produkt überzeugen kann. Die ersten Produkte waren auf dem Weg und wenige Wochen später wurde das erste Video-Review zum Produkt veröffentlicht.

Pro Video erzielt der Influencer zwischen 350.000 und 520.000 Views. Auf der Facebook-Seite hat er ein Publikum von (gerundet) 120.000 Personen. Ein Facebook-Nutzer hat im Durschnitt in etwa 342 Freunde in seinem privaten Facebook-Profil. Sobald ein User mit der Facebook-Seite des Influencer interagiert, kommentiert oder den „Gefällt mir"-Button klickt, teilt er automatisch diese Aktivität mit seinen Freunde. Welche Reichweite so allein durch Facebook erzielt wird, lässt sich leicht hochrechnen. Das spiegelte sich auch im Shop meines Freundes wider: Das Sortiment war wenige Stunden nach Veröffentlichung des Videos ausverkauft.

Ich habe die Kennzahlen dieses Beispiels einem Bekannten gezeigt, der den Vertrieb eines großen Konzerns leitet. Zuerst konnte er es kaum glauben, welche Reichweite in kürzester Zeit mit nur einem Video erreicht werden konnte und ergänzte, das er es für nicht möglich hält, offline in dieser kurzen Zeit messbar diese Reichweite, erreichen zu können.

Literatur

Adda, L (2012) Der mediale und strukturelle Siegeszug eines Daumens. In: Face to Face – Erfolgreiches Facebook-Marketing. Galileo Computing, Bonn, S 35

Agnes, M (2012) Domino's Pizza: A Look At the Timelessness of A Social Media Crisis Plan. http://agnesday.com/dominos-pizza-a-look-at-the-timelessness-of-a-social-media-crisis-plan/. Zugegriffen: 25.02.2015

Asklubo (Hrsg.) (2014) Wie entstand die Idee zu Facebook? – Die Geschichte. http://www.asklubo.com/tech/computer/wie-entstand-die-idee-zu-facebook-die-geschichte/152.448. Zugegriffen: 24.02.2015

Bannour, K-P, Grabs A (2014a) Was bringt Social Media für Ihr Unternehmen. In Follow me!: Erfolgreiches Social Media Marketing mit Facebok, Twitter und Co. Galileo Computing. Bonn, S 29

Bannour, K-P, Grabs A (2014b) Der Redaktionsplan. In Follow me!: Erfolgreiches Social Media Marketing mit Facebok, Twitter und Co. Galileo Computing. Bonn, S 71

Benett, S (2014) Social Networking Accounts for (at Least) 28 % of all Media Time Spent Online. http://www.mediabistro.com/alltwitter/online-activities-2014_b59262. Zugegriffen: 24.02.2015

Braun, T (2012) 22-Jähriger ist Deutschlands erfolgreichster Online-Produkttester. http://www.hna.de/welt/22-jaehriger-deutschlands-erfolgreichster-online-produkttester-2486006.html. Zugegriffen: 26.02.2015

Clifford, S (2009) Video Prank at Domino's Taints Brand. http://www.nytimes.com/2009/04/16/business/media/16dominos.html?_r=1&. Zugegriffen: 25.02.2015

Colón, L (2011) Domino's Pizza TurnAround Campaign. http://de.slideshare.net/LCUSF/dominos-pizza-turnaround-campaign. Zugegriffen: 25.02.2015

Competitiverecruiting (Hrsg.) (2013) Social Media Recruiting Report 2013: fast 50 % der Arbeitgeber suchen bereits proaktiv. http://www.competitiverecruiting.de/ICR-Social-Media-Recruiting-Report-2013.html. Zugegriffen: 26.02.2015

Frickel, C (2012) Wie Facebook die Welt eroberte. http://www.focus.de/digital/internet/facebook/tid-24930/die-geschichte-des-sozialen-netzwerks-facebooks-eroberung-der-welt_aid_708653.html. Zugegriffen: 24.02.2015

Henning-Thurau, Thorsten/ Vor dem Esche, Jonas/ Bloching, B (2012): Flippern statt Bowling – Marketing im Zeitalter von Social Media. In: Marketing Review St. Gallen, No. 4, S 8–15

Huffingtonpost (Hrsg.) (2014) Ex-Telekom-Manager Sattelberger warnt: „Die jungen Menschen laufen den falschen Göttern nach". http://www.huffingtonpost.de/2014/08/11/thomas-sattelberger-generation-y-_n_5667238.html. Zugegriffen: 24.02.2015

Literatur

Hutter, T (2012) Facebook: Eine Einführung in Facebook Ads für Anfänger http://www.thomashutter.com/index.php/2012/07/facebook-eine-einfuhrung-in-facebook-ads-fur-anfanger/. Zugegriffen: 24.02.2015

Keylens (Hrsg.) (2011) Kundenerwartungen im Social Web – Studie von KEYLENS Management Consultants in Zusammenarbeit mit der Universität Bremen. http://www.keylens.com/fileadmin/web_data/related_links/KEYLENS-201208_CMO_Studie-V5.pdf. Zugegriffen: 25.02.2015

Lahnor, A (2013) Facebook Ads vs. Empfohlene Beiträge. http://www.boostpark.com/facebook-ads-vs-empfohlene-beitrage/. Zugegriffen: 24.02.2015

Martin, J (2009) United Airlines und die zerbrochene Gitarre: Die ganze Geschichte. http://www.werbeblogger.de/2009/08/24/united-airlines-und-die-zerbrochene-gitarre-die-ganze-geschichte/. Zugegriffen: 25.02.2015

Menhard, E (2008) Wie Werbung wirklich wirkt. http://media.oekotest.de/cgi/index.cgi?action=anzmedia-mum-032008-titel. Zugegriffen: 25.02.2015

Peck, H (2013) Facebook kennt jeder, aber Facemash?. http://www.ishpc.de/2013/02/22/facebook-kennt-jeder-aber-facemash-2/. Zugegriffen: 24.02.2015

Razorfish (Hrsg.) (2015) McDonald's Mein Burger. http://www.razorfish.de/#/Referenz/McDonalds.-Mein-Burger/. Zugegriffen: 26.02.2015

Regenass, R (2013) Nestlés Abwehr gegen Shitstorms. http://www.tagesanzeiger.ch/wirtschaft/unternehmen-und-konjunktur/Nestles-Abwehr-gegen-Shitstorms/story/30642493. Zugegriffen: 25.02.2015

Schalling, D (2014) Facebook-Anzeigen 2014 für Anfänger: Ein Überblick über die beliebtesten Werbeformen. http://allfacebook.de/fbmarketing/ads-2014-1. Zugegriffen: 24.02.2015

Statista (Hrsg.) (2015a) Anteil der Befragten (14 bis 49 Jahre) in Deutschland, die Internet und TV häufig, manchmal oder selten parallel nutzen in den Jahren 2001 bis 2014. http://de.statista.com/statistik/daten/studie/269888/umfrage/umfrage-zur-parallelnutzung-von-tv-und-internet/. Zugegriffen: 25.02.2015

Statista (Hrsg.) (2015b) Wie wichtig sind für Ihr Unternehmen die folgende Gründe für den Einsatz von Social Media?. http://de.statista.com/statistik/daten/studie/185531/umfrage/ziele-von-unternehmen-in-deutschland-bei-social-media-aktivitaeten/. Zugegriffen: 26.02.2015

Webcommunitymarketing (Hrsg.) (2011) Die vier grössten Social Media Krisen. http://webcommunitymarketing.wordpress.com/2011/02/20/die-vier-grossten-social-media-disaster/. Zugegriffen: 25.02.2015

Weinberg, T (2010) Social Media Marketing – Strategien für Twitter & Co. O'Reilly, USA, S 23

Wiese, J (2013) Analyse & Fakten: Der große Reichweiteneinbruch im Dezember http://allfacebook.de/zahlen_fakten/analyse-fakten-der-grosse-reichweiteneinbruch-im-dezember. Zugegriffen: 24.02.2015

Wikipedia (Hrsg.) (2014a) Facebook. http://de.wikipedia.org/wiki/Facebook#Geschichte. Zugegriffen: 24.02.2015

Wikipedia (Hrsg.) (2014b) Influencer. http://de.wikipedia.org/wiki/Influencer. Zugeriffen: 26.02.2015

Wikipedia (Hrsg.) (2014c) Like. http://de.wikipedia.org/wiki/Like. Zugegriffen: 24.02.2015

Wikipedia (Hrsg.) (2015a) Resch & Frisch. http://de.wikipedia.org/wiki/Resch_%26_Frisch. Zugegriffen: 9.03.2015

Wikipedia (Hrsg.) (2015b) Sender-Empfänger-Modell. http://de.wikipedia.org/wiki/Sender-Empf%C3%A4nger-Modell. Zugegriffen: 25.02.2015

Winter, G (2011) Social Media im Recruiting. http://www.magazintraining.com/2011/04/20/social-media-im-recruiting/. Zugegriffen: 26.02.2015

Zils, E (2011) Definition – Was ist Social Media Recruiting. http://www.socialmedia-recruiting.com/definition-was-ist-social-media-recruiting. Zugegriffen: 25.02.2015

Ignorante Unternehmen werden scheitern 3

3.1 Was passiert mit Unternehmen, die zukünftig auf Social Media Marketing verzichten?

Diese einfache Frage lässt sich einfach beantworten. Nichts, jedenfalls nichts Gutes! Wir wissen: Egal wo wir hinschauen, die Welt vernetzt sich und jeder Ihrer Mitbewerber, der nicht auf Social Media verzichtet, wird Ihnen einen Schritt voraus sein. Das Internet ist zur Grundlage des modernen Lebens geworden. Und überall dort, wo sich „Leben" abspielt, lassen sich Geschäfte machen, Wettbewerbsvorteile schaffen und Kunden gewinnen.

3.2 Wenn ein angeblicher Hype zur Chance wird

Es ist vor allem die Generation Y, die gut ausgebildet und ausgestattet mit innovativem Know-how den Kurs bestimmt. Sie sind die Macher und die Nutzer der modernen Medien und somit tonangebend in der Welt der sozialen Vernetzung. Wie oft betonen Unternehmen, dass das Internet nur ein Hype sei, dass die totale Vernetzung in sozialen Netzwerken eines Tages überholt sein werde und dass man diesem Trend nicht folgen werde? All dies geschieht zumeist mit einem Verweis auf die eigene Unternehmenskultur, der Wahrung traditioneller Werte. Was dabei allerdings vergessen wird, ist die Tatsache, dass Social Media Marketing eine der ältesten Formen der Kundengewinnung beinhaltet, wenn auch in neuem Gewand. Social Media Marketing, so wie wir es heute verstehen und anwenden, ist nichts anderes als „Mund-zu-Mund-Propaganda", „Empfehlungsmarketing" und „Kommunikation". Es knüpft an die beste uns bekannte Marketingstrategie überhaupt an, den direkten Kontakt zum Kunden, das Gespräch mit dem Kunden, wenn auch in Form virtueller Interaktion. Genau diese Methode ist es, die über Jahrzehnte „Tante-Emma-Läden" am Leben erhielt und Traditionsunternehmen an die Spitze der Weltwirtschaft verhalf. Man kannte den Chef persönlich, er stand mit seinem Namen für das Unternehmen und pflegte den Kontakt zu Kunden und Mitarbeitern gleichermaßen. Diese einmalige Chance erhalten Unternehmen mit Social Media erneut. Unternehmen, die die Zeichen des neuen digitalen Zeitalters nicht erkennen, werden unweigerlich den Kontakt zu den Kunden, aber auch zu ihren eigenen Mitarbeitern verlieren.

3.3 Social Web ist erst der Anfang – digitale Vernetzung wird das Konzept der Zukunft sein

Erster Ansatzpunkt und leider oft das Einzige, was Unternehmen gegenwärtig unter digitaler Vermarktung verstehen, ist das einseitige Publizieren von Informationen in digitaler Form. Der Kunde aber will mehr. Er stellt Fragen zum Unternehmen, zum Produkt und sucht nach Antworten. Dies alles erledigt er im Internet. Der moderne Kunde ist preisbewusst und anspruchsvoll. Er will vergleichen und profitiert dabei von Erfahrungen anderer Kunden und Informationen aus den Unternehmen, die er in der großen Welt des Word Wide Web findet. Ist man als Unternehmen jetzt nicht bereit, den Anforderungen der Kunden nach einfachen Möglichkeiten der Kommunikation im Social Web gerecht zu werden, verliert man sie an Mitbewerber, die modernes Social Media Marketing bereits heute betreiben. Auch wer heute als Unternehmer davon ausgeht, dass seine Zielgruppe nicht zur Generation Y gehört und deshalb auf konventionelle Werbe- und Marketingkanäle setzt, sollte dabei nicht vergessen, dass die heutige Generation Y die Zielgruppe von morgen sein wird. Sind Sie als Unternehmer nicht von Anfang an dabei, geraten Sie in Vergessenheit und werden für zukünftige Kundengenerationen einfach nicht existent sein.

3.4 Neue Kommunikations- und Informationskanäle für mehr Lebensqualität

Auf der Suche nach mehr Lebensqualität sind wir ständig bestrebt mehr Zeit zu gewinnen. Kunden nutzen die neuen Möglichkeiten des Webs deshalb mittlerweile in allen Lebenslagen, der rasante technische Fortschritt hält in allen Bereichen Einzug. Es ist einfach und bequem sich im Internet zu informieren, auf dem Weg zur Arbeit das Smartphone zu zücken, um die Zeitung zu lesen, oder sich online durch tausende von Sonderangeboten zu klicken. So folgen wir dem Trend, Zeit zu sparen, die wir mit der Familie, mit unserem Hobby oder unseren Freunden verbringen können.

3.5 Mit Social Media Marketing einen Schritt voraus

Junge Unternehmen, Start Ups, gehören bereits zu den Gewinnern des modernen Marketing. Sie nutzen das Web und Social Media Marketing, um sich als Unternehmen und Marke zu etablieren. Sie kommunizieren mit Kunden und lernen auf diese Weise ihre Zielgruppe nicht nur besser kennen, sondern profitieren vom Feedback und sind somit in der Lage, auf Kundenwünsche und Kritik flexibel zu reagieren. Mitbewerbern, die erst dann merken, dass Produkte nicht ankommen, wenn diese in den Regalen liegen bleiben, sind sie stets einen Schritt voraus.

All dies und die zunehmende Digitalisierung machen das Social Web nicht zu einem Hype, sondern lassen aus ihm heraus unerschöpfliche Möglichkeiten entstehen. Diese werden in Zukunft nicht nur das wirtschaftliche Leben beeinflussen, sondern völlig neue private und gesellschaftliche Strukturen schaffen. Wer an dieser neuen Gesellschaft teilhaben will, wird unweigerlich das Internet mit all seinen Möglichkeiten nutzen müssen.

3.6 Vernetzung in allen Bereichen – die digitale Zukunft

Es werden diejenigen Unternehmen für die Zukunft gewappnet sein, die sich dem Fortschritt nicht verschließen. Wer heute bereits Social Media im Bereich Marketing nutzt, wird beste Voraussetzungen haben, den Sprung in die digitale Zukunft zu schaffen. Wie wird sie aber aussehen, die digitale Zukunft für Gesellschaft und Unternehmen? Bereits heute spielt das Zusammenwachsen von Marketing und Kommunikation auf digitaler Ebene eine entscheidende Rolle. Social Media Marketing erstreckt sich im kommunikativen Bereich nach außen und gewinnt auch unternehmensintern an Bedeutung. Für die Zukunft bedeutet dies, dass vielschichtige Unternehmensabläufe und Entscheidungen von der digitalen Medienkompetenz Ihres Unternehmens und Ihrer Mitarbeiter beeinflusst werden. Dies wird für den B2C-Bereich ebenso gelten wie im B2B-Bereich. Investoren werden sich, wie potentielle Kunden, ein Bild von Ihrem Unternehmen machen, indem sie im Web recherchieren. Unsere Arbeitswelt wird sich dahingehend verändern, dass nicht nur das Unternehmen für sich, sondern jeder einzelne Mitarbeiter eine entscheidende Rolle im digitalen Netz einnehmen wird. Neue, dringend benötigte und qualifizierte Fachkräfte werden den Weg in Ihr Unternehmen nur noch dann finden, wenn Sie bereit und fähig sind, sich ihnen zu stellen. Herkömmliches Recruiting wird abgelöst durch die digitale und sozial kompetente Außenwirkung der Unternehmen, mit der sich Bewerber identifizieren können. Wer heute noch glaubt, die digitale Revolution bestünde daraus, dass man uns das Internet nach Hause brachte, erliegt einem folgenschwerem Irrtum. Mit dem mobilen Internet hat bereits eine neue Stufe der Digitalisierung begonnen, deren evolutionärer Einfluss die gesamte Menschheit und alle bisher bekannten Strukturen in Politik, Gesellschaft und Wirtschaft weitreichend und dauerhaft verändern wird. Die Ignoranz dieser Tatsache wird Ewiggestrige zu Außenseitern der Gesellschaft machen. Unternehmen, die auf eine digitale Demenz hoffen, werden irgendwann selbst vergessen und haben keine Chance mehr auf dem Markt.

3.7 Digitale Demenz

Der Begriff Demenz kommt aus der Medizin und bedeutet schlichtweg Vergesslichkeit. Ich habe ab und an den Eindruck, dass speziell erfahrene Führungskräfte, also Digital Immigrants, oft an digitaler Vergesslichkeit leiden. Es gibt Faktoren, die natürlich den Alltag einer Führungskraft bestimmen: Mitarbeiterführung, Zielerreichung, Umsatz, Rentabilität und so weiter. Alles ist wichtig, das möchte ich auch nicht abstreiten. Auch ich muss mich tagtäglich damit beschäftigen. Stimmen meine Umsatzzahlen einmal im Monat nicht, muss ich gleich Rechenschaft darüber ablegen. Ferner kommt hinzu, dass unzählige operative Themen eine Führungskraft blockieren. Es gibt Tage bei mir, da kümmere ich mich acht Stunden am Tag nur um operative Themen, weil in irgendeiner anderen Abteilung mal wieder etwas vergessen oder falsch produziert wurde. Aus meiner eigenen Erfahrung kann ich sagen, dass ich heute gut die Hälfte meiner Zeit mit operativen Themen ausgelastet bin. Ich bin mir sicher, vielen meiner Vertriebsleitungskollegen geht es ebenso. Die restliche Zeit bin ich damit beschäftigt, den strategischen Zielen des Unternehmens zu folgen.

Wenn nun aber Social Media nicht als strategisches Ziel definiert ist, gerät es in Vergessenheit. Leider. Daher bin ich immer wieder froh, dass es doch einige Mitarbeiter in meiner Abteilung gibt, die mich immer wieder an die mobile Digitalisierung erinnern. Und sei es nur, indem sie ihre nächsten Kundenbesuche und Termine mit dem Smartphone organisieren.

Es ist daher in den meisten Fällen keine Absicht, genauso wie in der Medizin. Sie können es sich meist nicht aussuchen, ob Sie dement werden oder nicht. Aber auf der anderen Seite gibt es Menschen, die unter selbst verursachter chronischer Vergesslichkeit leiden. Weil diese Menschen es einfach nicht wahrhaben wollen, da sie sich nicht verändern wollen. Werte Führungskräfte, die einzige Konstante in unserem Leben ist die stete Veränderung. Dieser muss sich jeder stellen. Daher, werte Führungskräfte, treffen Sie Präventivmaßnahmen hinsichtlich digitaler Demenz. Manfred Spitzer stellte zwar zum Begriff Digitale Demenz die Behauptung auf, dass die Benutzung der digitalen Medien dumm macht und das Gedächtnis nachlässt. Ich bin der Meinung, dass es für Unternehmer wesentlich schlimmer ist, sich nicht mit den digitalen Medien zu beschäftigen. Daher ist digitale Demenz aus meiner unternehmerischen Sicht weitaus schlimmer zu bewerten, als Manfred Spitzer das tat. Stellen Sie sich einfach die Frage: Wer ist morgen Ihr Kunde? Es sind die Digital Natives.

Übrigens – angeln Sie? Von erfolgreichen Anglern kann man sehr viel lernen. Vor allem eines: Man muss dem Fisch den Köder vorsetzen, der dem Fisch schmeckt. Nur weil ich gerne Wiener Schnitzel esse, glaube ich nicht, dass ich eine Forelle oder einen Lachs mit einem Wiener Schnitzel fangen werde. Mit den Digital Natives ist das genauso. Treffen Sie nicht die Bedürfnisse der Natives, werden Sie mit Ihrem Unternehmen über kurz oder lang vom Markt verschwinden. Einige Beispiele gefällig? PanAm, Compac, Digital Equipment. Möchten Sie sich mit Ihrem Unternehmen hier einreihen?

Schon höre ich Kritiker schreien, das geht doch nur bei Konzernen. Falsch, gerade der Mittelstand und auch Kleinunternehmen sind hier betroffen. Folgendes Beispiel einer Allgemeinarztpraxis:

Gerade Allgemeinmediziner leiden zur Zeit darunter, zu wenig junge und gesunde Patienten zu haben. Patienten- und Umsatzeinbrüche sind vorprogrammiert. In einem Beratungsgespräch schlug ich einem Mediziner vor, sein Wartezimmer mit kostenfreiem WLAN auszustatten. Seitdem floriert die Praxis wieder. Es hat sich innerhalb kürzester Zeit rumgesprochen, nein, es wurde im Netz gepostet, dass bei diesem Arzt WLAN kostenfrei zur Verfügung steht. Social Media Marketing sei Dank.

3.7.1 Wenn man mit Halbwissen Potentiale verschenkt

„Social Media Marketing? Das ist doch für die Tonne." Diese und ähnliche Aussagen von enttäuschten Unternehmen kommen uns in letzter Zeit oft zu Ohren. Dabei gibt es im Online Marketing kaum eine bessere Möglichkeit, seine definierten Ziele umzusetzen. Im Bereich der sozialen Netze erreiche ich potentielle Kunden und Geschäftspartner direkt im Dialog und kann Reaktionen zeitnah auswerten, um gegebenenfalls darauf zu reagieren.

Wenn da nicht, ja, wenn da nicht dieses Halbwissen wäre und die Sache mit dem Geiz. Augenscheinlich wachsen Internetagenturen, SEO-Berater und „eierlegende" Texter geradezu wie Pilze aus dem Boden und übernehmen „das bisschen Social Media" gleich mit – mit fatalen Folgen für die Unternehmen! Besonders deutlich und sogar für Laien nachvollziehbar wird die Situation auf Facebook. Hier finden wir unzählige Fanpages von Unternehmen, die faktisch tot sind.

Viele von Ihnen haben sogar Fans in Tausenderhöhe. Kommunikation findet nicht statt, bis auf das lieblose Einstellen von Links zu Beiträgen auf der Unternehmenswebseite oder dem Firmenblog. Fehler liegen oftmals in dem Glauben, dass alles käuflich ist. Tatsächlich ist heute vieles möglich. Ich kann Freunde kaufen, Follower bezahlen und Fans erwerben.

Aber wirkliche Interessenten und Kunden, die kann ein Unternehmen nur gewinnen. Dazu bedarf es interessante und kontinuierlich geführte Kampagnen, spannende Kommunikation und permanente Überwachung von Erfolg oder Misserfolg. Voraussetzung dafür ist allerdings die Kenntnis über Marktbeschaffenheit und Nutzerverhalten in den sozialen Medien. Nur so können Fans gewonnen werden, Interaktionen entstehen und Erfolge wachsen.

Im Mittelpunkt einer jeder Marketingkampagne steht immer das Unternehmensziel. Egal ob es sich dabei um die Positionierung einer Marke, die Einführung eines Produkts oder die Kundeninformation handelt, letztlich soll der Erfolg in Zahlen messbar sein und dem Unternehmen bestenfalls zur Optimierung des Gewinns verhelfen. Und an diesem Punkt passieren Fehler und Unternehmen werden falsch oder gar nicht im Hinblick auf die Arbeitsabläufe für eine erfolgreiche Strategie beraten.

Wie kommt es zu solchen Situationen?
Dem Marketing in sozialen Netzwerken wird immer noch eine untergeordnete Rolle beigemessen. In vielen Unternehmen wird es halbherzig nebenher betrieben oder bestenfalls von einer externen Text-, SEO- oder Werbeagentur als lästige und zeitraubende Aufgabe verstanden, für die man aber gern noch ein paar Euro einsteckt. Um den Kunden, also das Unternehmen zu beruhigen, werden Fans gekauft, anstatt interessierte User zu gewinnen.

Kompetenzen für eine Kommunikation, die gleichermaßen in beide Richtungen verläuft, sind oft nicht vorhanden, es fehlt an Know-how, es fehlt an Zeit und es fehlt am Verständnis für wirtschaftliche Zusammenhänge. Woran es selten fehlt, ist die Gier der beauftragten Agentur und die gnadenlose Selbstüberschätzung selbiger. Auf die Idee, einen auf dem Gebiet bewanderten Experten zu beauftragen, kommen nur wenige. Zu groß ist die Versuchung, vom Budget kein Geld für einen externen Social Media Manager oder Berater ausgeben zu wollen.

Da wird dann so manche Kampagne, so man sich überhaupt die Mühe machte eine zu erstellen, mutig gegen die Wand gefahren und das Geld vom Kunden wider besseren Wissens in den Sand gesetzt. Für das Unternehmen oder die Marke gehen dabei Wachstumsressourcen unwiederbringlich verloren.

Auch die Schuldfrage ist für so manchen Möchtegern im Bereich Social Media schnell geklärt. Sie machen sich gar nicht erst die Mühe, die selbst gemachten Fehler zu analysieren, sondern lassen ihre Kunden in dem Glauben, dass Marketing in sozialen Netzwerken nichts bringt. Unternehmen wissen selbst nur sehr wenig über die sozialen Medien und ihre Potentiale. Genau aus diesem Grund ist es notwendig, einem solchen Vorhaben den passenden Fachmann zur Seite zu stellen, angewandte Maßnahmen transparent zu gestalten und Misserfolgen auf den Grund zu gehen.

3.7.2 Die fünf häufigsten Gründe, warum Unternehmen auf Social-Media-Plattformen scheitern

Push! Push! Push!
Social Media Marketing ist *kein* Werbekanal. Immer wieder beobachte ich Unternehmen auf Facebook, die den Hintergrund von Social Media Marketing anscheinend falsch verstanden haben. Angebot hier, Angebot da, wir sind die Besten in, Gewinnspiel da, bla bla. Der User ist auf der Suche nach Infos, die für ihn relevant sind, und hat keine Lust ständig mit Werbung bombardiert zu werden.

Keine Zeit!
Social Media bedeutet Kommunikation sowie die Bereitstellung von guten Inhalten. Unternehmensseiten auf Facebook leben von der Regelmäßigkeit! In den meisten Fällen wird der Zeitaufwand unterschätzt und die Facebookseite wird nach und nach inaktiv.

Fehlende Vision und Strategie
Der häufigste Grund, warum Unternehmen in sozialen Netzwerken scheitern, ist das mangelnde Verständnis für die neuen Kommunikationskanäle. Eine erfolgreiche Präsenz auf Social-Media-Plattformen erfordert langfristige und nachhaltige Kommunikation und diese muss im Vorhinein durchdacht und geplant werden:

- Wer ist unsere Zielgruppe?
- Wie verhalten sich diese User?
- Welche Interessen hat mein Publikum?
- Wie erreichen wir unsere Zielgruppe?
- Was sind unsere Ziele?
- Welche Inhalte wollen wir bieten?
- Welche Abteilungen werden in den Prozess eingebunden?
- Haben wir interne Ressourcen für die Integration von Social Media?
- In welchen Netzwerken informiert sich unsere Zielgruppe über das Thema?
- Haben wir eine Kommunikationsstrategie?
- Wie involvieren wir die User in unsere Entscheidungsprozesse?

Falsche Erwartungen
Immer häufiger verwechseln Unternehmen soziale Netzwerke mit einem weiteren Vertriebskanal. Social Media Marketing ist nicht gleich Vertrieb! Social-Media-Plattformen liefern keinen finanziellen ROI (= Return on Investment) in wenigen Wochen, sondern dienen der langfristigen Kundenbindung, Imagepflege und der Kundengewinnung über Empfehlungen.

Social Media kostet nichts
Diesen Satz höre ich in der Praxis immer öfter von Unternehmen, die sich mit dem Thema nicht ausreichend beschäftigt haben. Eine Präsenz in sozialen Netzwerken zu erstellen mag schnell gehen, aber wie geht es dann weiter? Wie schon mehrmals erwähnt geht es bei Social Media um die Bereitstellung von guten Inhalten, die eine Strategie verfolgen. Immerhin kommen die User nicht von alleine.

Die Planung einer Strategie sowie die Entwicklung von kreativen Kampagnen benötigen viel Zeit und menschliche Ressourcen. Das ist jedoch nicht der einzige Kostenaufwand. In den meisten Fällen müssen auch Kosten für externe Dienstleister, Facebook-Werbeanzeigen oder die Entwicklung und Integration von Apps eingeplant werden.

Wer langfristig mit seinem Auftritt in sozialen Medien Erfolg haben will, muss sich darüber im Klaren sein, das Social Media Marketing langfristig Geld kostet. Unternehmen, die das Potential von Social Media erkannt haben, profitieren in vielerlei Hinsichten.

Wie verändert die Digitalisierung die Arbeitswelt? Stimmen aus der Praxis

4.1 Interview mit Investmentpunk Gerald Hörhan

Gerald Hörhan kann zwar nicht kochen, aber er kann Leuten beibringen, wie man vernünftig mit Geld umgeht, wie man Immobilien kauft und wie man Unternehmen aufbaut – nach dem Motto „Raus aus dem Hamsterrad und lebe in finanzieller Unabhängigkeit". Hörhan zählt zu den besten Investmentbankern und steht aufgrund seiner provokanten Art auch sehr auch im Fadenkreuz der Kritik. Genau diese Art macht jedoch die Person Gerald Hörhan aus. Sein Buch *Investment Punk – Warum ihr schuftet und wir reich werden* ist ein Bestseller.

Einige mögen sich nun berechtigt die Frage stellen, in welchen Zusammenhang Gerald zu meinen Themen passt. Ich beobachte die Social-Media-Aktivitäten von Gerald bereits über einen sehr langen Zeitraum und bin überrascht, wie stark sein Bewusstsein für neue Medien ist. Meiner Meinung nach ist er ein typischer Digital Immigrant, der die Chancen sozialer Netzwerke erkannt hat, perfekt für sein Business einsetzt und den Dialog zu seinen Lesern sucht.

Wenn man seine Seite auf Facebook unter die Lupe nimmt, fällt auf, dass er sich stets um die Kommunikation innerhalb seiner Community bemüht. Kaum ein Kommentar bleibt unbeantwortet und selbst private Nachrichten werden zeitnah beantwortet.

Es scheint so, als habe er sich das Kommunikationsverhalten der Generation Y angelernt und in seinen Alltag integriert. Wie steht Gerald zur Generation Y? Wie viel Zeit benötigt er für die Betreuung seiner Facebook-Seite? Welche Ziele verfolgt er mit dem Einsatz neuer Medien und wie sind seine Beobachtungen bei Unternehmen in Hinblick auf die These, dass die Generation Y die Gesellschaft auf den Kopf stellt? Ich freue mich sehr, dass Gerald sich die Zeit nimmt und mir zu diesem Interview zugesagt hat.

Hallo Gerald! Wie ich in meiner Einleitung bereits erwähnt habe, setzt du vorbildlich auf den Einsatz sozialer Netzwerke, um mit deinen Kunden/Interessenten

auf Augenhöhe zu kommunizieren. Sowohl Unternehmen als auch private Personen sind in der Praxis häufig überfordert mit dem Wandel des Kommunikationsverhaltens meiner Generation. **Wann hast du dich entschieden auf Facebook aktiv zu sein und welche Rolle haben soziale Netzwerke zu Beginn für dich gespielt?**

Ich bin im Jahr 2008 Facebook beigetreten; zunächst habe ich Facebook nur unregelmäßig genutzt, und dafür verwendet, mit engen Freunden in Kontakt zu bleiben. Aufgrund meines ersten Buches „Investment Punk" und den Medienauftritten bekam ich ab 2010 sehr viele Freundschaftsanfragen und Nachrichten, die ich auch in den meisten Fällen beantwortet habe. Seit 2010 nutze ich Facebook intensiver und habe auch sehr positive Erfahrungen gemacht. Durch Facebook-Zuschriften auf meine Bücher habe ich sehr viel Geschäft generiert, einige gute Mitarbeiter gefunden, eine Reihe von guten Freunden und Bekannten kennengelernt und wilde Partys gefeiert.

Du pflegst den Kontakt zu deiner Community intensiv. Kaum ein Kommentar bleibt unbeantwortet und egal wann ich dir private eine Nachricht hinterlassen habe, immer wurde zeitnah darauf geantwortet. Wie viel Zeit verbringst du pro Tag damit, mit deiner Community zu kommunizieren und wie integrierst du diesen Prozess in deinen Arbeitsalltag?

Das variiert sehr stark, je nachdem, ob ich Medienauftritte/Vorträge habe, die viele FB-Nachrichten und Anfragen generieren. Ich versuche allerdings die meisten davon zu beantworten, wenngleich viele Antworten kurz ausfallen. Durch die modernen Smartphones ist auch die Bearbeitung von Nachrichten und das Posten deutlich einfacher geworden, FB-Nachrichten kann ich von unterwegs bearbeiten, und wenn ich eine Idee für einen guten Post habe, kann ich gleich ein Bild dafür machen und online stellen. Der Aufwand pro Tag ist relativ überschaubar, wichtig ist, dass man Facebook regelmäßig bearbeitet, denn eine Facebook-Nachricht ist nach maximal einem Tag schon alt.

Welche Ziele verfolgst du mit deiner Präsenz in sozialen Netzwerken?

Ich bleibe mit meinen Fans in Kontakt, ich nutze FB zur Kommunikation mit meinen Fans und Freunden, wodurch sich auch neue Freundschaften ergeben, und ich verwende Facebook zur Rekrutierung von Mitarbeitern. Facebook wird auch immer mehr ein Kommunikationstool fürs Business, viele Geschäftsanfragen laufen bereits über Facebook, und auch sehr viel Kommunikation läuft bereits über den Facebook Messenger. Die Leute reagieren oft schneller auf FB-Messenger-Nachrichten als auf E-Mail oder SMS.

Als Social Media Consultant berate ich Unternehmen bei der Strategieentwicklung sowie der Umsetzung von Social-Media-Kampagnen. Die Praxis zeigt, dass sehr viele Unternehmen digitale Medien für einen Hype halten und darauf verzichten, in sozialen Netzwerken aktiv zu sein. Wo siehst du Unternehmen, die auf Social Media bewusst verzichten?

Unternehmen, welche die Trends der Zukunft ignorieren, werden zu den Verlierern gehören. Social Media spielen eine wesentliche Rolle in der Marken- und Imagebildung, um Kundenfeedback einzuholen, um mit seinen Kunden- und Geschäftspartnern zu kommunizieren und um neue Kunden anzuwerben.

Eine große Facebook Fan Community oder Twitter Fan Community hat heute teilweise einen größeren Wert als Berichterstattung in „klassischen" Medien. Unternehmen, die diese fundamentalen Trends ignorieren, wird es genauso gehen wie den Unternehmen, die das Internet als Hype interpretiert haben.

In meinen Vorträgen spreche ich darüber, wie die junge Generation Unternehmensstrukturen, Vertrieb, Bildung, Marketing und die Gesellschaft verändert. Du gehst in Unternehmen ein und aus. Wie gehen deiner Meinung nach Unternehmen mit dem Thema Digitalisierung, Social Media, junge Generation um? Ich habe auf YouTube deinen Vortrag an der FH in Fulda gesehen und da sprichst du über die Machtverschiebung im Netz. Könntest du kurz für meine Leser zusammenfassen, was du damit gemeint hast und vor welchen Herausforderungen Unternehmen stehen?

Ich gebe Dir ein Beispiel: Mercedes bringt eine neue S-Klasse auf den Markt. Vor fünf oder zehn Jahren war für die Markteinführung das wichtigste Element, dass die wesentlichen Automagazine wie Auto Motor Sport und Auto Bild eine positive Berichterstattung über das Modell liefern. Die ist zwar heute auch noch wichtig, allerdings: Wenn in wichtigen Blogs zum Thema Autos oder auf Twitter oder Facebook viele negative Kommentare für das neue Modell kommen, ist das ein Thema für den Vorstand bzw. sogar den CEO. Hier muss sofort gegengesteuert werden und mit den Kunden/Fans aktiv kommuniziert werden, damit die Markteinführung nicht verpatzt wird. Dieses Beispiel lässt sich auf sehr viele Branchen anwenden.

Demokratisierung der Finanzwelt: Derzeit entscheiden weltweit in jedem Land eine relativ kleine und sehr gut bezahlte Gruppe von Bankern, Investment-Bankern, Fondsmanagern, Rating-Agenturen, Wirtschaftsprüfern, Steuerberatern, Rechtsanwälten und Lobbyisten, welche Unternehmen, welche Staaten und welche Projekte Geld bekommen und welche nicht.

Die Entscheidungsprozesse sind mühsam, langwierig und sehr oft wenig transparent. Durch das Internet und die damit einhergehenden Trends werden mittelfristig auch diese Entscheidungen (teilweise) von der „Crowd" getroffen, d. h. von der Masse der Internet User. Crowdfunding ist derzeit noch in den Kinderschuhen, in vielen Ländern illegal und durch viele Regeln sehr schwierig. Auch das wird sich mittelfristig ändern, was zu einer wesentlichen Machtverschiebung führen wird.

Denn es gilt auch in der New Economy die alte Regel: Wer die Kohle hat oder kontrolliert, der macht die Musik. Und diese Musik werden dann andere Akteure machen.

Ebenfalls ein Thema deines Vortrags in Fulda, der Return on Investment deiner Social-Media-Aktivitäten. Neben Reichweite, Markenbekanntheit, Kundendialog führen deine Aktivitäten bereits zu messbaren finanziellen Erfolg. Ich kenne die Zahlen aus dem Vortrag, meine Leser allerdings nicht. Darf ich dich bitten, zu erzählen, wie sich deine Aktivitäten finanziell auswirken? Wie viele Geschäfte ergeben sich daraus?

Durch Facebook-Anfragen und andere Social-Media-Aktivitäten habe ich – direkt und indirekt – bereits ein Geschäftsvolumen von mehreren Millionen Euro generiert. Ich erwarte, dass dieses Volumen noch ansteigt. Allerdings muss man auch ein gutes Business haben, um aus Social-Media-Anfragen reales Geschäft zu machen[1].

4.2 Ist die klassische Werbung vom Aussterben bedroht? Gastbeitrag von Claus Zerenko, Marketingexperte

Ich bezeichne mich ja gerne als einen Old-School-Marketer. Ja, ich komme aus einer Zeit ohne Computer an jedem Arbeitsplatz und ohne Schnurlostelefone. Dies alleine ist heute schon ein eigenartiges Wort. In der Werbeagentur, in der ich meine Laufbahn begonnen hatte, gab es genau einen Computer – den der Buchhalterin. Wir hatten kein Fax, sondern ein Telexgerät. Die Grafikdesigner haben noch Layouts per Hand angefertigt, ganz ohne Adobe Photoshop und Stock-Bildern. Und dies alles ist gerade mal 25 Jahre her.

Diese Zeit war wohl die Hochblüte der klassischen Werbung. Alles war so schön strukturiert und klar: Es gab in Österreich TV (zwei Kanäle), Radio (Ö1, Ö3 und Ö-Regional), Inserate, Kino, Plakate, Direct-Mail und Postwurf. Die Konsumenten saßen pünktlich um 19:30 Uhr vor dem Fernsehgerät oder zumindest um 20:15 vor dem Hauptabendprogramm. Wer viel Werbegeld hatte, konnte zu dieser Zeit TV-Werbung schalten. Wir haben auf dem Weg zur Arbeit Ö3 im Auto gehört und uns über Kinowerbung gefreut. Wir wurden schon damals von Werbebotschaften überflutet und haben gelernt, damit umzugehen. In den TV-Werbepausen sind wir zum Kühlschrank oder auf die Toilette gegangen. Plakate sind an uns vorbeigerauscht und Zeitungen haben wir nicht wegen der tollen Inserate gekauft. Nur, die Werbewirkung war schwer zu messen und das Wort „Streuverlust" ein nicht so hoch angesehenes. Wir haben da mehr mit der technischen Reichweite argumentiert: „Jeder zweite Österreicher liest täglich die Kronenzeitung", „Der Marktanteil von Ö3 liegt über 50 %" – solche beeindruckenden Zahlen kamen gut an. Vorausgesetzt, die Werbetreibenden hatten genug Marketingbudget, um sich dies alles leisten zu können.

Das Internet veränderte das Kaufverhalten völlig Dann, 15 Jahre danach, so Mitte der 2000er-Jahre, war auf einmal alles anders. Google und Facebook sind auf der Bildfläche erschienen. Web2.0 und Social Media waren die Trends der neuen Werbezeit. Die Digitalisierung war nicht mehr aufzuhalten – und zwar in allen Lebensbereichen. Die klassischen Werber hatten immer gehofft, dass irgendwann irgendjemand das Internet wieder abstellen wird – einige warten ja immer noch darauf.

„Märkte sind Gespräche" stand im Cluetrain Manifesto zu lesen (Wikipedia 2015), und die meisten haben erst sehr spät begriffen, was dies wirklich bedeutet. Die Asynchronität der Information, die bis zur Jahrtausendwende bei den Herstellern lag, wurde durch die Digitalisierung aufgehoben. Die Macht der Konsumenten ist für manche schleichend und leise über Nacht gekommen. Informationsbeschaffung geht mit einem Knopfdruck in Sekundenschnelle und von überall aus. Unsere Verbindung zum Internet sitzt in unserer eige-

---

[1] Mehr Infos zu Gerald Hörhan: http://investmentpunk.com/

nen Hosentasche. Wir müssen niemanden mehr fragen, wir googlen einfach eine Antwort – in der Schule, an der Uni und im Büro. Wir brauchen auch keine Angebote von tollen Produkten, die wir gerade jetzt nicht benötigen. Warum um alles auf der Welt soll ich mir einen Windelspot ansehen, wenn meine Kinder bereits studieren? Es nervt und stört mich – die penetrante Wiederholung der gleichen Botschaft und der ewigen Preisnachlässe. Ich will doch nur meinen Lieblings-TV-Serie ansehen, mehr nicht.

Wir sind Kaufexperten geworden und brauchen keine Verkaufsexperten Wir können heute durch Google und Social Media jedes Produkt finden, uns seine Bewertungen von anderen ansehen. Wir haben kurz vor dem Kauf meist mehr Infos als der Verkäufer selbst. Wir sind Kaufexperten geworden und wir brauchen dazu keine Verkaufsexperten mehr. Wir glauben der eigenen Community mehr als den Werbebotschaften und Sales-Pitches des Vertriebs. Sympathie und Vertrauen hilft entscheiden.

Diese Veränderungen gilt es jetzt in unseren Werbe- und Marketingaktivitäten mitzudenken. Wir wollen Marken, denen wir vertrauen können und die glaubwürdig sind. Hard-Selling wird endgültig zu Grabe getragen, wenn es nicht ohnehin schon tot ist.

In unseren Communities ist kein Platz für noch mehr Werbe- und Verkaufsdruck. Der moderne Marketer gibt, bevor er etwas nimmt. Das Credo lautet: gratis geben, geben, geben – dabei Expertise und Vertrauen aufbauen und dann, irgendwann, etwas anbieten. Die Konsumenten entscheiden. Das Marketing plant und steuert den Salesprozess, strategisch und taktisch. Dies ist viel Arbeit, mehr als in der alten Zeit – in viel mehr Kanälen. Es bedeutet, ein Angebot so attraktiv zu machen, so individuell, dass der Konsument nicht mehr anders kann, als zu kaufen. Kunden wollen nichts verkauft bekommen, aber sie lieben es, zu kaufen.

Empfehlungen werden zum wichtigsten Marketingtool In Anbetracht der Digital Natives und des weltweit transparenten Angebotes wird die klassische Werbung zum Auslaufmodell. Einwegkommunikation ist jetzt schon passé. Die Werbeausgaben in klassischen Medien gehen jedes Jahr zurück. Wer glaubt schon einer Werbebotschaft, die sagt, dieses Produkt ist das Beste? Ja, was soll klassische Werbung denn sonst sagen?

Wenn wir heute ein Buch kaufen, gehen die meisten nicht in die Buchhandlung, sondern stöbern auf Online-Portalen. Dort schauen sie sich dann die Bewertungen anderer Leser an. Denn die müssen nicht verkaufen. Und schon gar nicht müssen sie Gutes sagen. Die dürfen alles sagen und genießen daher höchste Glaubwürdigkeit. Empfehlungen werden zum wichtigsten Marketingtool und zur bedeutendsten Kundenquelle. Ziel im Geschäftsleben ist es, so viele Empfehlungen wie möglich zu erhalten. Und das geht vor allem durch Top-Produkte und beste Dienstleistung.

Aufgrund der vielen Veränderungen in den letzten zehn Jahren hat sich unsere Kommunikation und damit auch unsere Gesellschaft grundlegend verändert. Daher gilt es, die alten Methoden im Marketing zu überdenken – und zwar rasch. Der Markt und die Konsumenten warten nicht, bis wir bereit sind. Wir dürfen uns damit anfreunden, dass die Marketingwelt eine andere und bessere geworden ist[2].

---

[2] Weitere Infos zu Claus Zerenko: www.zerenko.com

4.3 Steht es um die Generation Y denn nun wirklich so schlecht? Gastbeitrag von Gabriele von Szada-Borrizkowski, Mutter und selbstständige Redakteurin

Abgesehen davon, dass es unter dieser Generation immer wieder junge Menschen gibt, die sich anscheinend abstrampeln, um die Welt zu verbessern, wird das Bild eben dieser Generation doch vielmehr von allerlei Vorurteilen geprägt. Ich, Gabriele von Szada-Boriszkowski, geb. 1966 und selbst Mutter, erlebe die Gen Y in meiner Familie und aber auch bei meiner täglichen Arbeit. Da ich selbst nicht zu den Ewiggestrigen gehöre und meinen Arbeitsschwerpunkt dementsprechend auf das Internet, die globale Kommunikation und die damit verbundenen Möglichkeiten verlegt habe, gehören zu meinen Geschäftspartnern zahlreiche junge Menschen. Wenn man dieser Generation auch nachsagt, sie hielte sich für etwas Besseres, so ist es meiner Meinung gerade diese Eigenschaft, die dazu führt, dass die jungen Erwachsenen ständig auf der Suche nach der besten Lösung sind. So bringen sie Projekte voran, von denen andere nicht mal träumen und sind dabei sehr erfolgreich. Sie haben vielen älteren Menschen etwas voraus: Sie sind dynamisch, und wenn es bei jedem Projekt auch um ureigene Träume und Ziele geht, so sind sie dennoch in der Lage die Potentiale ihrer Mitstreiter zu erkennen.

Es ist albern, eine ganze Generation über einen Kamm zu scheren, wenngleich es vielleicht hier und da den einen oder anderen geben wird, der sein Projekt, seine Idee noch nicht gefunden hat. Menschen ohne Ziele und Motivation gab es in jeder Generation, das ist nichts Neues und wird es sicher auch immer geben. Alle jungen Menschen deshalb aber als lustlos und faul zu bezeichnen, ist ebenso verkehrt, als würde man meine Generation generell als digitale Laien und ewiggestrig verkennen. Und dagegen verwehre ich mich!

Neben Aussagen, sie würden den ganzen Tag am PC oder Smartphone hängen, keine Lust auf richtige Arbeit haben und im Allgemeinen keine wirklichen Ziele verfolgen, ist es vielleicht gerade ihre andere Art zu leben, die den älteren Generationen zu schaffen macht. Ich selbst beneide diese jungen Menschen. Bei meiner Zusammenarbeit mit ihnen und auch bei meinen eigenen Kindern sehe ich deutlich, dass die Gen Y durchaus Ziele verfolgt. Es sind eben nur andere Ziele als sie viele ihrer Eltern oder Großeltern noch hatten. Sie jagen nicht mehr nur dem schnöden Mammon hinterher, sondern legen großen Wert auf ihre Lebensweise. Ohne die Gen Y wäre meiner Meinung nach ein flächendeckendes Umdenken in ökologischen Fragen gar nicht möglich. Sie treiben technologische Entwicklungen umweltbewusst voran. Sie sind auch bereit, zum Wohle des Umweltschutzes zu verzichten und sie arbeiten hart dafür, dass alle Menschen einen Nutzen vom technologischen Fortschritt haben. Sie arbeiten aber eben anders als wir vor 20 Jahren. Sie nutzen bereits heute den Fortschritt, um ihn gleichermaßen zu vervollkommnen und zu optimieren. Für mich ist die Generation Y diejenige Generation, die die Entwicklung der Menschheit auf allen Gebieten revolutioniert. Ich denke, dass die Gen Y es sein wird, die ein völlig neues Zeitalter einläutet. Ein bisschen erinnert mich die Hysterie gegen die neuen digitalen Medien ein wenig an längst vergangene Zeiten. Denken wir beispielsweise an das Zeitalter der Industrialisierung, als Maschinen begannen, schwere Arbeiten zu verrichten, die bisher Menschen in den Fabriken mit Muskelkraft erbracht haben. Auch damals wehrten sich die Menschen gegen den Fortschritt aus Sorge um ihre Arbeitsplätze. Zum Glück behielten in der Geschichte die Pessimisten nicht Recht. Ohne den Tatendrang neuer Generationen säßen wir womöglich heute noch in Höhlen und bräuchten Tage um ein Stück Fleisch zu ergattern oder genügend Beeren für den Winter zu sammeln.

Manchmal habe ich das Gefühl, dass es die Generation Y ist, die genau das Zeitalter einläutet, welches seit vielen Jahren im Science-Fiction-Klassiker „Star Trek" über den Bildschirm flimmert. In einem der Filme sagte Captain Jean-Luc Picard:

> Die Wirtschaft der Zukunft funktioniert ein bisschen anders. Sehen Sie, im 24. Jahrhundert gibt es kein Geld... Der Erwerb von Reichtum ist nicht mehr die treibende Kraft in unserem Leben. Wir arbeiten, um uns selbst zu verbessern – und den Rest der Menschheit.

Literatur

Wikipedia (Hrsg.) (2015). Cluetrain Manifest. http://de.wikipedia.org/wiki/Cluetrain-Manifest. Zugegriffen: 9.03.2015

Fazit 5

Die digitale Welt – eine Riesenchance, aber eine große gesellschaftliche Aufgabe Ob die Digitalisierung eines Großteils unseres Lebens letztendlich eine Chance für die Gesellschaft darstellt oder den Skeptikern zufolge letztlich doch in der digitalen Verblödung endet, hängt natürlich von der Gesellschaft selbst ab. Jeder von uns trägt dabei eine nicht zu vernachlässigende Verantwortung. Die Digitalisierung, die sich mit all ihren Formen auf vielfältige Bereiche des Lebens erstreckt, verlangt nicht nur ein Umdenken in der Wirtschaft.

Die digitale Welt hat nicht nur in Unternehmen und im Privatbereich Einzug gehalten. Mit dem neuen Zeitalter entstehen mittlerweile völlig neue Kunstformen, es entwickeln sich Bildungswege, die von allem abweichen, was wir bisher kannten, altbekannte Strukturen des gesellschaftlichen und politischen Lebens beginnen aufzuweichen und werden durch neue ersetzt. Hier sollte es nicht nur Ziel der Wirtschaft sein, möglichst viele Menschen in den Prozess einzubeziehen, sondern es erwächst eine gesamtgesellschaftliche Verantwortung, der vor allem auch die Politik Rechnung tragen muss. Schon lange können wir den digitalen Wandel nicht mehr als Modeerscheinung oder vorübergehenden Hype bezeichnen. Somit wird es Zeit, dass auch die öffentliche Hand und regierende Parteien sich den neuen Anforderungen stellen. Moderne Gesetze, beispielsweise zum Ausbau und Erhalt von Infrastrukturen, müssen neben Straßenbau oder dem Bau öffentlicher Einrichtungen ebenfalls zum Ausbau von Datennetzen und modernen Kommunikationswegen führen. Wir brauchen für die Zukunft Menschen, die fit und bereit sind, sich den neuen Anforderungen zu stellen. Dazu wird es aber notwendig werden, das Internet mit all seinen Möglichkeiten intelligent zu vermitteln, die Chancen der digitalen Welt aufzuzeigen und den sinnvollen Umgang damit zu lehren.

Jeder Fortschritt birgt auch die Gefahr, dass dabei Menschen auf der Strecke bleiben. In der Regel sind es diejenigen, die sich dem Fortschritt gegenüber verschließen. Eine Gesellschaft, die nicht frühzeitig die Potenziale in der neuen Entwicklung erkennt, läuft Gefahr, weltweit Anerkennung zu verlieren. Unsere gegenwärtige Aufgabe muss daher sein, auch bildungspolitische Anpassungen an die neuen Bedingungen vorzunehmen, damit uns morgen nicht die Fachkräfte für den Umgang mit den digitalen Medien fehlen. Dies ist ein Prozess, der bereits in der Schule beginnt. Hier kommen wir an einen Punkt, an dem in unserer Gesellschaft die „Alten" bereit sein müssen von den „Jüngeren" zu lernen, denn es gilt Lehrkräfte, die nicht zur Generation Y gehören, auf die neue Aufgabe vorzubereiten.

Verpassen wir als Gesellschaft den Sprung in das neue Zeitalter, wird dies politische und wirtschaftliche Folgen für unsere Zukunft haben. Wettbewerbsfähigkeit, internationale Anerkennung und vor allem unser künftiger Lebensstandard werden davon beeinflusst, wie gut wir es verstehen, die moderne Technik zum Wohle aller einzusetzen.

Nachwort 6

Liebe Digital Immigrants, die globale Vernetzung ist nicht mehr aufzuhalten. Auch wird es keine Unterscheidung von Arbeitszeit und Freizeit mehr geben. Denn würden diese Zeiten so bestehen bleiben, dann wäre ja die Arbeitszeit eine unfreie Zeit. Und genau das möchten die Digital Natives nicht. Wenn es also keine Unterscheidung zwischen Freizeit und Arbeitszeit mehr gibt, dann gibt es auch keine Unterscheidung mehr zwischen Beruf und Familie. Alles wird eins.

Ein Beispiel In Deutschland gibt es ungefähr 140 Starbucks-Filialen. Damit die Gäste der Café-Kette nicht nur gemütlich Cappuccino und Co. genießen können, wird seit 2010 in allen Filialen kostenlos WLAN zur Verfügung gestellt. Wer also keine Lust hat, allein in der Wohnung zu surfen, schnappt sich seinen Laptop und setzt sich in die gemütlichen Sessel von Starbucks. So können Sie nicht nur mit Ihren Freunden online in Kontakt bleiben, Sie lernen vielleicht auch neue Freunde in der realen Welt kennen. Sie müssen noch schnell einen Job erledigen und wollen aber nicht auf ein Treffen mit Freunden verzichten? Mit kostenlosem WLAN können Sie gleichzeitig arbeiten und Ihre Liebsten bei einer guten Tasse Kaffee treffen. Starbucks ist hier kein Einzelfall.

Was mich aber am meisten auf dem Weg in die Digitalisierung, als die globale Vernetzung, beunruhigt, nein, sogar schon beängstigt hat, ist die ablehnende und ignorante Haltung der meisten Vertriebsmitarbeiter. Selbst viele Vertriebsleiter weigern sich, sich ernsthaft Gedanken über Social-Media-Vertrieb zu machen. Aussagen, wie: „Wir haben immer von Auge zu Auge verkauft oder der Nasenfaktor entscheidet" hörten wir leider zu oft. Ich selbst, der ich zur Zeit als Interim-Vertriebsleiter für ein mittelständisches Unternehmen arbeite, kämpfe jeden Tag mit der Ignoranz des Vertriebs hinsichtlich Social-Media-Vertrieb. Seit zwei Jahren versuche ich bereits das Vertriebsteam auf Social-Media-Vertrieb einzuordnen, bei vielleicht 20 % der Vertriebsmitarbeiter ist mir das gelungen. 80 % weigern sich standhaft. Nun, jeder Vertriebsmitarbeiter weiß in der Regel, wie er am besten

Abb. 6.1 Internet-Verkäufe in 60 s. (Quelle: http://www.vormorgen.de/wieviel-geld-verdient-facebook/)

verkauft. Interessanterweise lässt sich aber feststellen, dass die Vertriebsmitarbeiter, die Social Media richtig und sinnvoll benutzen, ihre Umsatzziele erreichen. Weiter noch, ich habe sogar eine Praktikantin damit beschäftigt, ihre Bachelorarbeit zum Thema „Vertrieb über Social Media" zu schreiben. In dieser Arbeit wurden nicht nur die aktuelle Social-Media-Lage im Unternehmen untersucht, sondern es wurden auch ganz konkrete Umsetzungstipps und Zeitpläne dargestellt, wie man Social-Media-Vertrieb im Unternehmen sinnvoll integrieren kann. Ganz nebenbei, die Abschlussarbeit wurde von der Hochschule Heilbronn mit 1,7 bewertet.

Wie aber schon angekündigt, der Vertrieb wehrt sich. Deshalb habe ich dieser Berufsgruppe den Titel Digital Ignorance verliehen. Das trifft es wohl am besten. Lesen diese Vertriebsverantwortlichen keine Zeitung oder geht diese Berufsgruppe nicht auf Fortbildung? Abb. 6.1 zeigt, was alles in 60 s im Netz gekauft wird.

Computer Bild hat neulich eine ähnliche Auswertung vorgelegt (Abb. 6.2).

Wie stark der Social-Media-Markt mittlerweile durch die Internet-Giganten umkämpft wird, zeigt Abb. 6.3.

Welche Führungskraft nun nicht aufwacht, hat verloren. Ferner habe ich neulich bei einer Veranstaltung des BdVM (Bundesverband Deutscher Vertriebsmanager) die Aussage gehört, dass 90, ich wiederhole 90 % aller Einkäufe im Jahr 2020 über das Netz stattfinden. Hallo Vertriebsmitarbeiter und Vertriebsleiter, aufwachen! In diesem Zusammenhang kann ich die Aussage von Claus Zerenko (vgl. Abschn. 4.2) nur bestätigen. Hardselling

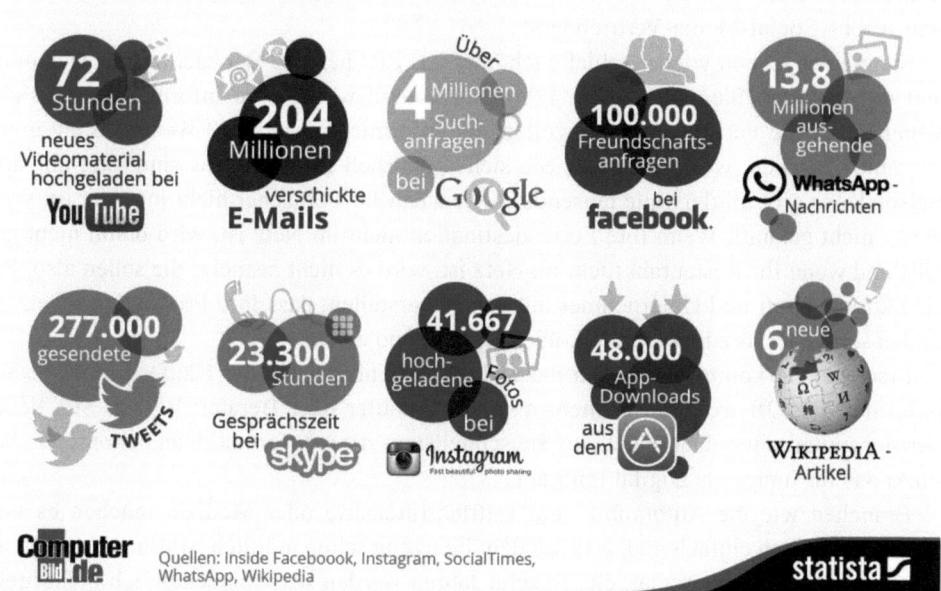

Abb. 6.2 Statistiken zur Internetminute. (Quelle: http://www.vormorgen.de/wieviel-geld-verdient-facebook/)

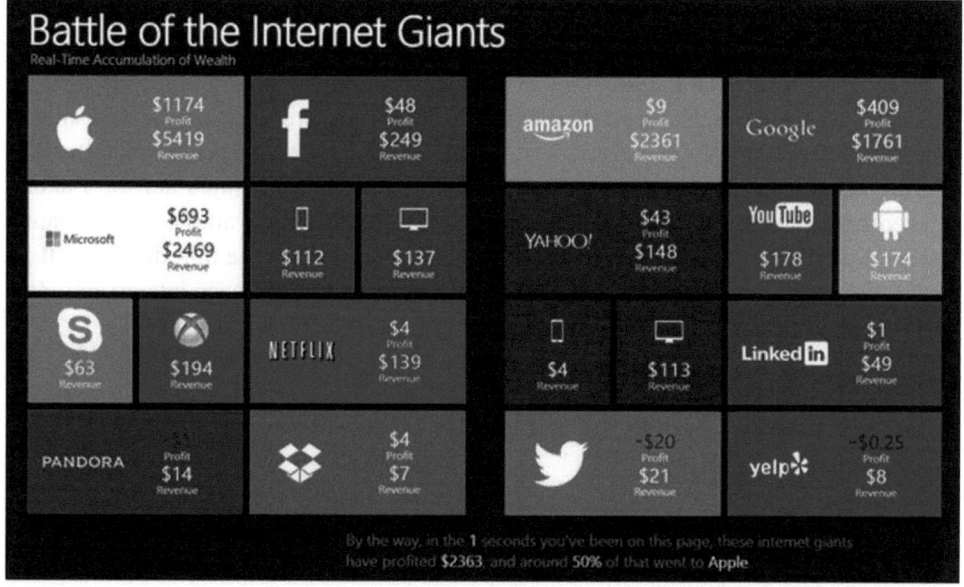

Abb. 6.3 Kampf der Internet-Giganten. (Quelle: http://www.vormorgen.de/wieviel-geld-verdient-facebook/)

wird sterben. Aus diesem Grund haben Dominik und ich vereinbart in der Reihe Löwen-Liga noch in diesem Jahr ein weiteres Buch auf den Markt zu bringen, der Titel: „Hardselling stirbt – Social-Media-Vertrieb lebt".

Sie meinen, schon wieder schieße ich über das Ziel heraus? Beobachten Sie sich doch mal selbst. Wenn Sie einen neuen Fernseher kaufen wollen, wo informieren Sie sich? Wenn Sie in die Ferien verreisen wollen, wo informieren Sie sich? Wenn Sie ein gutes Restaurant suchen, wo informieren Sie sich? Natürlich im Netz. Das sind jetzt nur drei Beispiele, es gibt mittlerweile tausende. Aber wenn Ihr Fernseher nicht im Netz ist, wird dieser nicht gekauft. Wenn Ihre Feriendestination nicht im Netz ist, wird dahin nicht gereist und wenn Ihr Restaurant nicht im Netz ist, wird es nicht besucht. Sie sehen also, Sie als Führungskraft und Unternehmer müssen sicherstellen, dass Ihre Produkte im Netz zu finden sind und das zudem schnell, übersichtlich und einfach.

Erschwerend kommt aber noch dazu, dass der Kunde, also der Käufer immer besser informiert ist. Oft weiß dieser mehr als der Verkäufer oder Berater. Wissen Sie, lieber Vertriebsmitarbeiter, dann nicht, wo Sie schnellstens diese Informationen bekommen, bestärkt das Ihr Image als Digital Ignorant.

Branchen wie die Automobil- und Luftfahrtindustrie oder Medizin machen es vor. Schauen Sie doch einfach mal, was mit dem Fahrzeug schon möglich ist: Einparkassistent, Distanzkontrolle, Seitenradar, etc. In zehn Jahren werden wir wahrscheinlich nicht mehr so Auto fahren wie heute. Sie setzen sich in Ihr Fahrzeug und sagen dem Bordcomputer über Sprachmodulation, wo es hingeht. Von da an werden Sie bis zum Ziel nicht mehr in den Straßenverlauf eingreifen. Ich freue mich auf diesen Zeitpunkt, wenn ich dann gemütlich im Auto auf dem hinteren Sitz einen Film anschauen kann oder auch ein Gläschen Wein trinken kann. Alkoholkontrollen wird es ja dann in dieser Form auch nicht mehr geben.

Oder schauen Sie sich die Medizin an. Da liegen Sie mit einem komplizierten Bruch im Engadin im Krankenhaus auf dem Operationstisch. Doch wo ist der Arzt? Der Arzt sitzt 300 km entfernt in Bern und operiert per Joystick. Utopie? Nein heute schon Realität.

Nun, liebe Unternehmer, Führungskräfte und Chefs, ich freue mich auf die Zukunft und beobachte die nächsten Schritte mit Sorgfalt. Bestimmt ist nicht alles gut, was kommt, bestimmt wird auch manch Unsinniges dabei sein, aber glauben Sie mir, die Zukunft im Social Web ist nicht aufzuhalten. Kommen Sie mit mir mit in eine neue interessante Zeit. Social Media ist Chefsache.

Warum Chefsache?

Die Autoren greifen mit der Chefsache-Buchserie nicht die klassischen Führungsthemen auf. In der Serie geht es vielmehr um Randthemen, die für Unternehmer, Führungskräfte und Selbstständige extrem wichtig sind, die aber nicht auf der Prioritätenliste ganz vorne stehen. Chefsache-Themen sind Erfolgsfaktoren von morgen. Anders ausgedrückt: Welche Themen und Aufgabenbereiche werde ich als Vorgesetzter morgen brauchen, um übermorgen erfolgreich zu sein? Mit dem Kauf dieses Chefsache-Buches haben Sie den ersten Schritt in eine noch erfolgreichere Zukunft getan. Auf den nächsten Buchseiten sehen Sie weitere Chefsache-Buchtitel, welche Ihnen vielleicht einen erfolgreicheren Weg bereiten werden. Stärken stärken, das ist das Chefsache-Motto.

Sie wollen mehr? Kein Problem! Chefsache hat sich mittlerweile am Markt als Erfolgsfaktor etabliert. Die vielen Chefsache-Bücher sind Schritt eins. Die nächsten Schritte sind der Besuch der Chefsache Business Talks, die im ganzen deutschsprachigen Raum stattfinden oder die Chefsache Powerweekends, welche einmal im Quartal durchgeführt werden. Bei den Chefsache Business Talks haben Sie die Möglichkeit, bis zu vier Chefsache-Autoren persönlich an einem Abend zu treffen. Nach kurzen Vorträgen zu den jeweiligen Fachgebieten, stehen Ihnen die Autoren den ganzen Abend Rede und Antwort. Alles, was Sie immer schon zu einem Thema interessiert hat, können Sie da erfragen. Anders geht es bei den Chefsache Powerweekends zu. In einer kleinen intensiven Gruppe, nur unter anderen Chefs, die auf maximal sechs Personen beschränkt ist, erfahren, erlernen und erleben Sie die nächsten Schritte auf Ihrem persönlichen Erfolgsweg. Vorträge, Workshops und Trainings wechseln sich gekonnt ab. Chefsache Powerweekends stärken Ihre Stärken, denn Erfolg ist Chefsache.

Sie möchten mehr erfahren zu den Chefsache Businesstalks oder dem Powerweekend? Ganz einfach, alles Wesentliche erfahren Sie auf www.chefsache24.de oder per beigefügtem QR-Code.

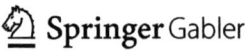 springer-gabler.de

Neu in der Reihe Chefsache...

Peter H. Buchenau (Hrsg.)
Chefsache Prävention I
Wie Prävention zum unternehmerischen Erfolgsfaktor wird
2014, XIV, 325 S. 48 Abb. Brosch.
€ (D) 29,99 | € (A) 30,83 | *sFr 37,50
ISBN 978-3-658-03611-9

Peter H. Buchenau (Hrsg.)
Chefsache Prävention I
Wie Prävention zum unternehmerischen Erfolgsfaktor wird
2014, XIV, 325 S. 48 Abb. Brosch.
€ (D) 29,99 | € (A) 30,83 | *sFr 37,50
ISBN 978-3-658-03611-9

Peter H. Buchenau (Hrsg.)
Chefsache Prävention I
Wie Prävention zum unternehmerischen Erfolgsfaktor wird
2014, XIV, 325 S. 48 Abb. Brosch.
€ (D) 29,99 | € (A) 30,83 | *sFr 37,50
ISBN 978-3-658-03611-9

Peter H. Buchenau (Hrsg.)
Chefsache Prävention I
Wie Prävention zum unternehmerischen Erfolgsfaktor wird
2014, XIV, 325 S. 48 Abb. Brosch.
€ (D) 29,99 | € (A) 30,83 | *sFr 37,50
ISBN 978-3-658-03611-9

€ (D) sind gebundene Ladenpreise in Deutschland und enthalten 7% MwSt. € (A) sind gebundene Ladenpreise in Österreich und enthalten 10% MwSt.
Die mit * gekennzeichneten Preise sind unverbindliche Preisempfehlungen und enthalten die landesübliche MwSt. Preisänderungen und Irrtümer vorbehalten.

Jetzt bestellen: springer-gabler.de

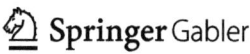 springer-gabler.de

Neu in der Reihe Löwen-Liga

Peter H. Buchenau, Zach Davis
Die Löwen-Liga
Tierisch leicht zu mehr
Produktivität und weniger Stress
2013. X, 148 S. 52 Abb. Brosch.
€ (D) 14,99 | € (A) 15,41 | *sFr 19,00
ISBN 978-3-658-00946-5

Peter H. Buchenau, Zach Davis,
Sebastian Quirmbach
**Die Löwen-Liga:
Wirkungsvoll führen**
2015. Ca 150 S. Brosch.
€ (D)17,99 | € (A) 18,49 | *sFr 22,50
ISBN 978-3-658-05286-7

Peter H. Buchenau, Zach Davis, Martin Sänger
**Die Löwen-Liga:
Verkaufen will gelernt sein**
2015. Ca 150 S. Brosch.
€ (D)17,99 | € (A) 18,49 | *sFr 22,50
ISBN 978-3-658-05288-1

Peter H. Buchenau, Zach Davis, Paul Misar
**Die Löwen-Liga:
Der Weg in die Selbstständigkeit**
2015. Ca 150 S. Brosch.
€ (D)17,99 | € (A) 18,49 | *sFr 22,50
ISBN 978-3-658-05419-9

€ (D) sind gebundene Ladenpreise in Deutschland und enthalten 7% MwSt. € (A) sind gebundene Ladenpreise in Österreich und enthalten 10% MwSt.
Die mit * gekennzeichneten Preise sind unverbindliche Preisempfehlungen und enthalten die landesübliche MwSt. Preisänderungen und Irrtümer vorbehalten.

Jetzt bestellen: springer-gabler.de

If you have any concerns about our products,
you can contact us on
ProductSafety@springernature.com

In case Publisher is established outside the EU,
the EU authorized representative is:
**Springer Nature Customer Service Center GmbH
Europaplatz 3, 69115 Heidelberg, Germany**

Printed by Libri Plureos GmbH
in Hamburg, Germany